¡Soy adulto!
(¿ahora qué?)

Rafael H. Zurita

La Universidad, el trabajo y tus primeras decisiones

¡Soy adulto! (¿ahora qué?)
Rafael Hernández Zurita

1ª Edición, 2019
ISBN: 978-607-709-223-0

Editorial Dante, S. A. de C. V.
Calle 17 núm. 138-B,
esq. Prol. Paseo de Montejo, Col. Itzimná,
C.P. 97100, Mérida, Yucatán, México

Corrección: Gabriela Colli y Jorge Cortés Ancona
Diseño de Portada: Huriata Bonilla / huriata.com
Diseño gráfico editorial: Cecilia Gorostieta Monjaraz
Ilustraciones: Huriata Bonilla Peña
Viñetas: Designed by Freepik

Impreso en México

Índice

A manera de Introducción ... 7
Prefacio ... 10
Cómo usar este libro ... 11

1 Decisiones. La universidad y otros demonios ... 13
2 Los exámenes de admisión ... 18
3 Tus maestros: tips y ventajas ... 24
4 Hacer trampa, ¿es hacer trampa? ... 31
5 Trabajos en equipo. ¿Cuál es tu tipo? ... 35
6 La universidad y la gran pregunta; ¿ahora qué? ... 40
7 Fuerza laboral ... 44
8 Tu primer empleo ... 48
9 Actitud vs. competencia ... 55
10 Marketing personal ... 60
11 El valor de la escuela ... 65
12 Universidad a distancia ... 69
13 Estancia en el extranjero ... 76
14 Los súper poderes de Latinoamérica ... 85
15 Softskills ... 91
16 Ser tu propio jefe ... 116

Epílogo ... 121
Dedicatoria y agradecimientos ... 125

A manera de INTRODUCCIÓN

Hay encuentros que marcan nuestras vidas. El 31 de diciembre de 2016 tuve la fortuna de conocer a una persona que trabajó gran parte de su vida como el payaso Ronald McDonald. Un personaje sumamente interesante al que, a fin de conocerlo, observaba yo mientras se dirigía a otras personas.

En el transcurso de la noche entablamos conversación acerca de mi trabajo y cada vez que yo le comentaba algo, el me hacia una pregunta. Después de saber que yo era ingeniero, me preguntó:

—¿Cuándo decidiste que serías ingeniero?

Mi respuesta a esta pregunta connota sudor y desaliento. Una vez, a mis 6 años de edad, abrí el refrigerador de mi casa y no había nada en absoluto. Bueno, no debo mentir: había dos tortillas frías y un bote de mayonesa McCormick. Mis tripas hacían el ruido peculiar del hambre, así que caminé al cuarto de mi madre, donde ella y mi hermano de 5 años veían la televisión, me asomé a la puerta y exclamé:

—Tengo hambre y no hay nada que comer.

Y mi madre respondió:

—Tenemos que esperar a que tu papá nos mande dinero para comprar cosas para comer.

Mi padre se había marchado la semana pasada a algún lugar desconocido para mis 6 años de edad. Hice un gesto de molestia y suspiré. Estaba hambriento y la respuesta de mi madre no determinaba cuándo podría comer. Mi mente viajó hacia lugares que me hicieron pensar en cuál era la necesidad de tener un refrigerador sin nada dentro. ¿No hubiera sido mejor venderlo y tener comida que no se echase a perder? Pero era claro que no íbamos a vender el refrigerador, así que tenía que ingeniármelas para comer ese día. Después de mucho pensar, abrí la puerta de la casa y grité:

—Ahorita regreso— y salí.

Mi misión era clara, tenía que encontrar algo que hacer que propiciara una remuneración. Afortunadamente para mí, la gente de mi vecindario odiaba tener que salir a tirar la basura en la esquina de la cuadra. A diferencia de mi situación actual en la que sólo tengo que poner el bote de basura fuera de mi garaje para que sea recogida por un camión, en ese entonces era necesario colocarla en un sitio específico. Así que ese día empecé a tocar puertas preguntando si alguien deseaba que, a cambio de unas monedas, efectuara la tediosa tarea de llevar a la esquina las bolsas de basura. Para mi sorpresa, mucha gente estuvo dispuesta a pagarme por esta actividad, así que al final del día regresé a casa con muchas monedas. Se las di a mi mamá y le pregunté:

—¿Ahora sí podemos comer algo?

A menudo miramos a la gente a nuestro alrededor y pensamos: "Quizá si yo hubiera nacido en una posición económica un poco más acomodada o si tuviera las oportunidades que tal o cual persona tiene, entonces sí podría hacer muchas cosas". Pero tal pensamiento es falso. Nacer en lo menos acomodado te da más oportunidades porque simplemente no hay manera de caer más bajo. Ya estás en el fondo, y desde ahí sólo se puede ir "pa'rriba".

Pienso que mi vocación de ingeniero surgió cuando aquel día decidí hacer algo por mi madre, mi hermano y por mí mismo. Pero sólo estoy seguro de ello ahora: en realidad, en aquella época yo quería ser mago. Claro, ser mago es lo mejor. Si voy a mi refrigerador y no hay cosa alguna fácilmente hago aparecer un pollo rostizado ¡y listo! Pero no, la vida no es así. Después quería ser piloto aviador y la verdad es que, a esta edad y en estos momentos, mientras vuelo de la ciudad de Minneapolis a Denver, aún me da miedo volar.

A final de cuentas me hice ingeniero en sistemas computacionales y me gradué en dos maestrías. Al pensar en esto, regreso a mi conversación con el payaso de McDonald's que repite:

—Two masters, uh? Good for you!

Este libro tiene como propósito inspirarte, tratar de hacerte entender que sin importar qué tan jodida esté tu vida en este momento, no hay otro camino más que el que va hacia adelante y para arriba. No queda más que "hacer de tripas corazón", tomar lo que Dios te dio y hacer lo mejor de ti, porque como decía mi primer jefe, el Sr. Melchisedec:

—No hay cabrón que trabaje duro todos los días y al que no le vaya bien.

Si trabajas duro todos los días, si cada día te levantas con la firmeza de que triunfarás, sólo está de Dios que no lo logres.

En este libro hablo de maneras en las cuales puedes seguir esta trayectoria de un modo más asequible. Cómo puedes triunfar, ya sea estudiando en la Universidad o poniendo tu propio negocio... o ambos, ¿por qué no? La gente siempre piensa que Estados Unidos es el país de las oportunidades, pero ¿no sería más cierto pensar que México, un país donde hay todavía mucho por hacer, podría ser un país con muchas más oportunidades?

Este libro habla de experiencias y enseñanzas a través de las cuales tú, como personaje de bachillerato, universidad, recién egresado, recién iniciado en el campo laboral, puedes tomar las riendas y empezar a subir como la espuma.

En fin, siéntate cómodo y toma este libro. Puedes ir a cualquier capítulo en cualquier momento. ¡Inspírate y ve a comerte al mundo, que no hay más!

Rafael H. Zurita.

PREFACIO

Este libro fue inspirado por muchas de las conversaciones que he tenido con jóvenes adultos en México, en especial con mi amigo Gerardo Valencia. Estas conversaciones me llevaron a concebir un libro donde pudiera compartir muchas de mis experiencias y teorías sobre la vida y cómo simplemente incrementar las oportunidades de éxito en todo ámbito.

Cabe mencionar que muchas de estas historias y pláticas han sido modificadas y en algunos casos exageradas un poco, en lo que se refiere a fechas, lugares, escenarios, sujetos y salarios, a fin de poner énfasis en la lección que de ellas aprendí y que considero valiosas para ti que ahora lees este libro.

Cómo
USAR ESTE LIBRO

Debido a que algunas historias están enfocadas a chicos y chicas de nivel bachillerato y también a sus padres, he decidido segmentar estos capítulos, con el propósito de enfocar la atención del lector en capítulos de más relevancia; sin embargo, pienso que existe algo que aprender de cada capítulo sin importar la edad de quien lo lee.

Para facilitar lo anterior, he agregado una simbología que te ayudara a ubicar el tipo de capitulo que necesitas para cada ocasión.

Este icono simboliza un capitulo pensado en aspirantes a ingresar a la universidad y estudiantes de nivel educativo medio así como en sus padres y familiares con deseos de verlos superarse.

Este icono simboliza capítulos creados para todas aquellas personas con intereses en las siguientes áreas:

* Vida universitaria.

* Carreras truncas o con deseos de posicionarse mejor en el ámbito laboral o educativo.

* Maestrías.

* Nuevas oportunidades de empleo.

* Cómo obtener un mejor salario.

1

Decisiones.
LA UNIVERSIDAD Y OTROS DEMONIOS

Y resulta que un día llegas al bachillerato... Para mí fue como un desfile de modas el perderse en el dilema de que te exigen muy poco para que sigas pagando las mensualidades y el tremendo estrés de que no te enseñan lo suficiente para que puedas aprobar el examen de admisión a la universidad.

Del cuarto al quinto semestre suele sentirse la presión de que el final del bachillerato está cerca. Semestres en los cuales, si no has decidido qué hacer con tu vida, te preguntas acerca de lo que realmente deseas en relación con tus estudios.

La entrada a la universidad es una de las decisiones más importantes a las que te enfrentas. A menos, claro, que en tus venas se encuentre un poco de Mark Zuckerberg, Steve Jobs o Bill Gates y esperes entrar por un semestre en algún colegio para desarrollar una idea tan brillante que mandes todo al carajo y te conviertas en el siguiente tecnólogo millonario.

Sin embargo, si para el quinto semestre todavía no tienes idea acerca de qué estudiar, el asunto se complica.

En tal situación vas a conocer el primer obstáculo: el mar de consejos por parte de miles de personas. Te dirán que estudies una carrera que te deje mucho dinero. ¡Claro!, dirás, mientras los ojos se te ponen grandotes y querrás tirarle a lo que te deje más lana, ¿no? Se te ocurre ser médico, por ejemplo, pero en ese instante, recuerdas que te desmayas con sólo ver una gota de sangre; o ingeniero en sistemas computacionales y ¡no sabes nada de matemáticas! ¡Ajá, por qué no arquitecto? Pero la maqueta de tu casa terminó pareciéndose a cualquier cosa menos a tu hogar.

Muchos alumnos se la rifarán como puedan para entrar a una carrera que jamás debieron elegir, pero el tiempo pasa rápido y las buenas decisiones pueden ser bastante lentas. Sé paciente o el problema en sí será terminar una carrera para la que no tienes aptitud. Me tocó ver a muchos alumnos que murieron en el intento y ahora son taxistas. Habrá quienes, a base de ingenio y astucia, terminarán una carrera equivocada. Y, aun así, como en todo, hay taxistas que se dedican al servicio desde siempre y hoy son personas de mucho éxito.

En relación a la carrera, te comentaré de algunas opciones para tu futuro en los próximos capítulos. Y si por algún motivo te quedaste a mitad del camino, todavía te quedan más oportunidades de triunfo: cada victoria tiene su propia presentación.

Albert Einstein dijo: "No juzgues a un pez por su habilidad de trepar a un árbol". Todos fuimos forjados de diferentes maneras y cada uno de nosotros posee habilidades diferentes para cumplir nuestros cometidos. Esta es una importante razón para ya no seguir pensando que la mejor carrera es aquella que nos va a dejar mucho dinero.

Si cuentas con dudas acerca de qué estudiar, realiza un examen de aptitudes. Te dará un resultado de acuerdo a tus gustos, aficiones, lo que se te facilita y, sobre todo, lo que te hace feliz.

En México no hay muchas herramientas que te acerquen a este examen, pero puedes recurrir a la opción de escribir en la barra de Google: "exámenes de aptitud vocacional" y obtener muchos resultados que puedes estudiar en línea. Por si las moscas, aquí te dejo un enlace que me ayudó muchísimo:

http://www.decidetusestudios.sep.gob.mx/vista/test-vocacional/

Recordemos que una carrera profesional es una herramienta de las más importantes para triunfar en la vida. Y hay gente que obtiene buenos trabajos sin conseguir un título universitario, debido a que se han formado en un oficio que también necesita años de estudio y perfeccionamiento, como la carpintería, herrería, mecánica, etc., las cuales son actividades muy respetadas gracias al valor que le da la gente para salir adelante.

Este tipo de trabajo de ninguna manera debe hacerte sentir menos triunfador que un estudiante universitario. Alemania, la cuarta potencia económica en el mundo, reconoce este tipo de actividades, con lo que logra que muchos jóvenes sigan y obtengan experiencia en estos ramos.

Este tipo de oficios ayudan a que el conocimiento se transmita de generación en generación, propician la mano de obra interna e impulsan la reutilización de la mercancía, en lugar de incentivar el "compra y tira". Esto tiene un efecto positivo que el solo comprar nuevos artículos todo el tiempo. Por si te interesa, encontré una liga de la Secretaría de Educación Pública (SEP) que puede apoyarte en carreras técnicas e incluso tiene consejos acerca de cómo emprender tu propio negocio:

http://www.decidetusestudios.sep.gob.mx/vista/despues-del-bachillerato/

Ante todo, lo que deseo en este capítulo es que tú, futuro universitario, seas realmente feliz. Créeme, un trabajo que consume toda tu vida, aunque la paga sea buena, no siempre vale la pena. Analiza tu felicidad, la posibilidad de jugar fútbol, ir de pesca, de compartir tiempo con tu familia. Encuentra el trabajo que te permita el dinero que necesitas para pagar el agua, la luz, la conexión a Internet y dejar suficiente tiempo para hacer las actividades que te gustan.

Busca tu camino para ser feliz

Les hablaré de dos amigos, Joan y Gearld, ambos estudiantes de ingeniería. Gearld, el menor, había optado por la carrera de arquitectura debido a consejos de su madre, sin ningún otro argumento que el hecho de ser una carrera popular y "bien" pagada. Por las dudas que tenía, se me acercó para preguntarme acerca de la carrera de ingeniería, con miras a saber cuál era su mejor opción a futuro.

Nos sentamos a platicar sobre cuáles eran sus mejores opciones para decidir entre arquitectura o ingeniería. Hicimos una relación de los trabajos que podrían ser solicitados, teniendo en cuenta sus fuerzas y debilidades. Después de mucho meditar, no siguió las recomendaciones de su madre. A diciembre del 2018 Gerald logró terminar la carrera sin problemas y actualmente trabaja como desarrollador de software para una empresa en Mérida, Yucatán.

Por otro lado, su hermano Joan se decidió por la carrera de mecatrónica. Seamos honestos, nada más pronunciar el nombre de la carrera te hace sentir Tony Stark en su traje de Iron Man. Joan tuvo muchas trabas desde el primer semestre, vivió con lágrimas y sudor. Creía que todo lo que iba a aprender le iba a entrar a la primera y no iba a encontrar ningún contratiempo.

Sin embargo, toda carrera tiene sus momentos de dificultad y hay que tomar con humildad el conocimiento que nos aporta. No sólo se trata de cursar la carrera debido a lo que creemos, sino que hay que tener la disposición para aceptar la carga que vamos a recibir.

Todos cometemos errores que estarán presentes durante el resto de nuestra vida. Está en ti en aceptar la falla, aprender de ésta y usarla para impulsar tu siguiente paso. Si te caes, puedes levantarte con lentitud y sacudirte el polvo. O puedes dar un gran salto con suficiente impulso.

Quizás escribir este libro sea un error o una pérdida de tiempo. Pero, ciertamente, me ayudó a tener disciplina y abrir mi mente de nuevo a mi idioma español. Tengo varias metas en mi mente y si con estas líneas puedo tocar al menos la vida de una persona, estaré contento con el resultado y la lección aprendida.

Por último, escribí con el fin de crear consciencia en lo que será tu oficio durante la mayor parte de tu vida. Claro, nada dice que en algún momento tú o Joan decidirán mandar todo al demonio para empezar de nuevo, aunque a decir verdad de Joan, el logro terminar su carrera, titularse inmediatamente y actualmente trabaja para una empresa Internacional en el Puerto de Veracruz, México. Si dejas de hacer algo para empezar con un proyecto nuevo no es un fracaso, sino el principio de una mejor oportunidad. No siempre se cuenta con la suerte de seleccionar lo mejor para uno, pero un día nos levantaremos de la cama y buscaremos un nuevo enfoque al horizonte que posiblemente, nos traerá un mejor porvenir.

2

Los exámenes DE ADMISIÓN

Como muchos otros países, México se distingue en seleccionar a sus estudiantes universitarios mediante exámenes de admisión. Incluso, existen escuelas técnicas o bachilleratos que aplican el mismo sistema. Hay un filtro enorme para cursar una carrera universitaria. Y ya que los exámenes de admisión son inevitables, te diré lo siguiente:

De acuerdo con el Instituto Nacional de Estadística y Geografía (INEGI), sólo ocho de cada cien jóvenes mexicanos terminan la carrera. Esto no sólo se debe a razones socioeconómicas, pues incluso aquellos con los recursos necesarios para costearse los estudios también forman parte de la estadística. Apenas cerca del 25% logra concluir los estudios universitarios.

Recuerda que ellos no tuvieron acceso a este libro. Además, uno de cada dos matrimonios termina en divorcio y no es razón para no casarte con el amor de tu vida.

Mi punto es que presentar el examen es un pequeño escalón para recorrer las escaleras de un gran edificio. En el transcurso subiremos cada peldaño a paso firme, directo a una subida extenuante. Y ya que estamos en confianza, te mando una felicitación si ya pasaste tu examen. ¡Te deseo todo el éxito del mundo!

Ahora, si no pasaste la prueba, lo siento. Pero si ves las cosas positivamente, quizá no era lo tuyo y tal vez pronto empezarás un negocio que te hará mil veces más exitoso que si hubieras pasado ese examen. Puede que no te hayas preparado lo suficiente o que algo ocurriera para que tu concentración no estuviera al cien por ciento. Esta es una etapa importante en tu vida y los nervios suelen colarse. Te invito a que lo analicemos juntos para que puedas avanzar en tu entrada a la Universidad.

La mejor preparación para un examen de admisión es echarle ganas al estudio. Como en todo, algunos tendrán la capacidad de aprobar sin necesidad de estudiar, mientras para otros hará falta más empeño y dedicación.

Y hay un problema por la edad ya que, si todavía sigues en bachillerato, estarás a punto de alcanzar la mayoría de edad. Es una etapa donde la mayoría le pone gusto a las fiestas, los noviazgos y las diversiones. Lo mejor será que busques un punto medio a través de metas y recompensas.

Es decir, opta por un promedio de calificación que deberás mantener para seguir disfrutando placeres de "cero productividad". Y si tienes la suerte de que tus padres te mantengan o de que seas independiente, ello resultará un buen ejercicio para la vida futura, cuando ya pertenezcas al sistema y tengas que encontrar un balance entre el trabajo y los pasatiempos.

Me llama mucho la atención que bastantes jóvenes realicen más de un examen de admisión a la vez, como por ejemplo inscribirse al área de ingeniería y al de literatura. La razón más común de esta decisión es aumentar las posibilidades de matricularse en una carrera profesional. En parte, es una posibilidad real, pero por otra es contradictorio. Enfocarse en dos exámenes diferentes es prepararse para la mitad de cada uno. Tus posibilidades no aumentan, se dividen en dos por bajar el nivel de concentración al momento de presentar. ¿Así que realmente vale la pena?

Si planeas esto, te pido de favor que lo reconsideres, ya que puede ser una excusa para quedarte sin estudiar. O quizá estés confundido porque no sepas realmente cuál de las áreas es la que te gusta. Si este es tu escenario, de acuerdo. Pero antes de aferrarte a dos triunfos, o a un par de fracasos, o bien, a una victoria y una derrota, piensa en lo que quieres hacer de tu vida. Sal a caminar, toma un autobús, vete a otra ciudad, observa a la gente que camina a tu alrededor ¡Cualquier cosa que te dé perspectiva!

Concentra tus esfuerzos en algo que te gusta hacer. Claro, siempre puedes tener un ***hobby*** junto con la carrera que estudias, pero da lo mejor de ti cuando se trate de la escuela o el trabajo. Desde mi punto de vista, en el momento en que empiezas a estudiar en la universidad inicias una práctica de trabajo. Si vives con tus padres, una gran frase que te repetirán es: "Tu trabajo es estudiar".

Es muy normal ignorar este comentario, mientras ellos se rajan el lomo para que obtengas un techo donde vivir, tengas comida en la mesa y satisfagas alguno que otro capricho. Lo único que esperan tus padres es que hagas lo mejor que puedas en la escuela. Piensa que cuando tengas hijos y trabajes para su bienestar, no querrás verlos vagar mientras pagas su escuela y manutención.

En la preparatoria, es buen momento para tener una idea de lo que te gustaría hacer. Si vas a inclinarte por las matemáticas, las ciencias biológicas o una preparación humanista.

Y si las dudas recorren tu mente te recomiendo buscar un consejero o algún profesor a quien le tengas admiración y por quien muestres intereses afines. Hay profesores que te pueden guiar al encuentro de tu carrera ideal.

Una vez decidido el ramo por el cual te inclinas, deja un rato las redes sociales e investiga en Google cuáles son las mejores universidades de tu estado, ciudad, o ¿por qué no?, ¡del extranjero!

Una vez que decidas cuáles son las universidades más adecuadas busca las guías de admisión, es fácil encontrarlas. Ve al navegador y escribe algo como lo que yo escribí: Universidad Veracruzana Guía de estudios. Ya que encuentres el material que necesitas, tómalo y siéntate con tus profesores para saber qué temas puedes cubrir en preparatoria y cuáles por tu cuenta. Si da la casualidad de que me lees a tus quince años y por un instante piensas: "¿Qué pasaría si me adelanto a lo que está por venir y desde ahora hago un plan para estar listo cuando llegue el tiempo de prepararme para ingresar a la universidad?", es una señal de que vas por buen camino.

Por ejemplo, este examen viene con muchas preguntas de matemática básica. Esto no es algo que vas a aprender en preparatoria, pero hará que utilices tu lógica. Existen muchos ejercicios en la Internet que pueden ayudarte con la agilidad mental.

Este es un ejemplo de lo anterior:

FIGURA 1

Si 27 cubos tienen 3 cm de arista cada uno, pueden formar un cubo mayor cuyo volumen es igual a...

A) 81 cm3

B) 243 cm3

C) 324 cm3

D) 729 cm3

Fuente: http://www.uv.mx/escolar/licenciatura2013/pdf/GuiadelEXANI-II2013.pdf

El inglés es algo que aprendes –o deberías aprender– desde el bachillerato y saber este idioma es súper importante. Muchos tiran la toalla desde las primeras clases del idioma.

Si no hubiera puesto mi mayor esfuerzo, no estaría en donde me encuentro en estos instantes. Actualmente realizo un proyecto relacionado con el "Internet de las cosas", el cual comparto con un chico universitario que tiene un manejo de lenguaje que yo no tenía a su edad. Gracias a ello, mi compañero sobresalió en las entrevistas, sobre todo porque en cuanto a componentes electrónicos y de robótica los materiales se encuentran en inglés. Muchas de las preguntas en el examen de admisión serán sobre este idioma y su escritura. Si aún te falta tiempo para terminar la preparatoria, cuentas con una oportunidad para estudiar a fondo la lengua inglesa.

Busca la escuela más cercana a tus posibilidades y toma un curso. Cada día aprenderás algo y será una de las mejores decisiones en tu vida, no sólo para el examen, sino también para el desarrollo de tu carrera profesional. Si ya sabes inglés, ¿por qué no ir más allá? Existen países con un gran potencial de desarrollo y puedes embarcarte en el aprendizaje de otro idioma más. El cielo es el límite.

Regresando a la preparación para el examen de admisión, si eres como yo, que no te preocupas de esto hasta el final y cuando se acerca la hora de presentar la prueba te das cuenta de que no tienes el conocimiento necesario, entonces busca cursos de preparación. Yo opté por el que imparte el Instituto Tecnológico de Veracruz. El curso duró unos tres meses en los cuales aprendí más que en tres años de bachillerato. Un claro ejemplo fue reprobar Física rotundamente. Si vas a tomar esta opción, inscríbete cuanto antes pues el cupo para las clases se llena con rapidez.

Ten en consideración que asistir a este curso no te va a garantizar la entrada a la universidad, pero te ayudará bastante en otros campos como el de conseguir un buen empleo.

Recuerda que la educación se basa en un 20% por parte del maestro (o quizá menos) y el resto te toca a ti. Incluso si tienes un maestro de 10%, tus ganas y esmero pueden llevarte al triunfo.

Por último, si no aprendiste lo suficiente en tres años de escuela, o en tres meses de cursos de preparación, no lo aprenderás en una sola noche. No te pases estudiando toda la noche anterior al examen, pues no hay cosa peor que presentarte cansado. Bebe un té relajante y trata de dormir bien, poniendo dos alarmas para despertar a tiempo el día siguiente.

Trata de contestar el examen lo mejor que puedas. Ten presente que gran parte del éxito para aprobar un examen consiste en leer de forma correcta las preguntas.

Cada universidad tendrá su nivel de complejidad en cuanto a sus exámenes de admisión. Toma en cuenta que en un colegio de Humanidades se te preguntará en ciencias políticas y económicas, matemáticas básicas y la historia del país donde realices el examen.

Las universidades enfocadas a la ingeniería pondrán a prueba tu habilidad para resolver problemas lógico-matemáticos y el tiempo que te tome resolverlos. Si quieres ser ingeniero, extraerán el ingenio que hay dentro de ti; y si buscas ser licenciado, se esperará de ti un dominio a buen nivel de ciertos conocimientos específicos.

¡Así que a ponerle ganas!

Tus maestros: TIPS Y VENTAJAS

Lo que para algunos parece simple información, para otros puede significar aprobar o no un examen. Algo que me ha ayudado mucho es la capacidad de leer a las personas.

Toma en cuenta que tu capacidad para interactuar con otros individuos puede ayudarte a mejorar tus relaciones y a convivir con tus compañeros de trabajo o de escuela y también con tu familia. Una de las cosas que más me agrada al observar a la gente es el lazo de confianza que se crea con ella.

En uno de mis empleos me nombraron líder de competencias, convirtiéndome así en el encargado de la satisfacción de los demás empleados. Este nombramiento provino de la facilidad con que las personas me platican lo que piensan. Creo que la razón por la cual las personas se sienten cómodas hablando conmigo sobre sus problemas en el trabajo es porque soy capaz de analizar éstos y puedo ponerme fácilmente en el lugar de mis interlocutores.

Mi primer consejo para ti es conocer al profesor que te impartirá las clases.

Muchas escuelas permiten a los maestros crear sus exámenes y, en su mayoría, los colegios sólo requieren de una calificación final o parcial. El hecho de que los maestros tengan el privilegio o la tarea de crear sus propios exámenes trae consecuencias mayormente negativas al sistema educativo (que serian positivas si cada uno tuviera como misión mejorar la calidad educativa del país: dividir y triunfar), por el hecho de que no existe manera de cuantificar o calificar lo que se enseña.

Pero dejemos de hablar de forma general y pensemos en la consecuencia que esto trae para ti, la cual es que puede preguntarte lo que quiera o se le ocurra. Así de sencillo. Por ello, al analizar la forma de pensar del profesor se tiene un arma valiosa a fin de estudiar para el examen. Si eres un estudiante que puede memorizar todo lo que un profesor imparte o eres muy apto para aprobar las materias, quizás esto no te sirva de mucho. En cambio, si necesitas de más oportunidades o te ocurre como a mí, que tienes un trabajo aparte de los estudios, es muy útil prestar atención a la forma de pensar del maestro.

Durante el transcurso de mis años como estudiante me di cuenta de que los exámenes estaban siempre relacionados con varios aspectos personales del catedrático: su interés por impartir clases, su dominio de la materia impartida, sus otras actividades laborales fuera de la enseñanza, su experiencia de docencia en general y algunas otras trivialidades como el humor con que se encuentre, si sus clases son dinámicas, si le agrada al grupo, etc. Es decir, cada maestro tiene una personalidad.

Es gracioso pensar que me jactaba de reconocer lo que un maestro quería escuchar o leer para un examen. Años después, cuando enseñaba bachillerato en el Instituto Isaac Pitman en el puerto de Veracruz, durante un examen que hice con preguntas abiertas, una de mis alumnas, al recibir su examen con una calificación perfecta, hizo el comentario de que sabía el tipo de respuestas que yo quería leer al momento de calificar.

Ella logró identificar no sólo la respuesta correcta, sino también la forma de hacerme entender la respuesta correcta en una forma que yo aceptaría de mejor manera.

Así que piensa en las respuestas a un examen como si se tratara de medicamentos. Habrá medicamentos vía inyección, pero en algunas ocasiones habrá niños a los que no puedas inyectar y recurras a un jarabe de buen sabor. ¿Qué tipo de medicina necesita tu profesor? ¿Algo rápido y al grano como una inyección o algo dulce como un jarabe?

Así, en el transcurso de tu educación superior, encontrarás diversos tipos de exámenes con diferente grado de dificultad dependiendo de lo que estudies. Incluso habrá situaciones curiosas como la de un profesor que tuve en la universidad, que calificaba a las chicas con noventa y a los varones con setenta. Sólo llegué a verlo en el salón una o dos semanas en un semestre entero.

En otra ocasión, una profesora empezaba su primer semestre enseñando matemáticas pero su experiencia en la materia era poca. Recuerdo que sus problemas matemáticos carecían en algunas ocasiones de los valores necesarios para llegar a la respuesta o estaban mal planteados. Al señalar estas inconsistencias, en vez de darme una respuesta siempre calificaba mis exámenes con buenas notas. Esto se volvió común y cuando le señalaba yo un problema que no sabía resolver, me lo calificaba como correcto por el simple hecho de acercarme a ella.

Esta habilidad de reconocer a las personas, en especial a los catedráticos, es algo que debes aprender y poner en práctica lo antes posible. Empieza con tus amigos, elabora teorías acerca de su forma de pensar sobre algún tema y haz preguntas y argumentos en contra para saber si tu hipótesis es correcta. Evalúa tus resultados y realiza preguntas que te lleven a determinar la forma de pensar de cada uno.

Con el transcurso del tiempo entenderás que cada individuo es único, pero que existen patrones donde los aspectos generales de raciocinio son similares. Una vez que llegas a este nivel podrás entender y analizar a más personas.

Sobre los amigos y sus habilidades

¿Eres fan de los videojuegos? Si la respuesta es sí, este ejercicio te resultará familiar; y aunque no lo seas, te invito a participar en el juego:

Supón que nos juntamos con los amigos para una de esas partidas en línea (***online***) de un juego nuevo con un catálogo de varios tipos de personajes. Algo que me gusta hacer es adivinar qué tipo de personajes escogerían mis amigos de acuerdo a sus personalidades.

Para este ejercicio podríamos basarnos en el conocimiento de cinco arquetipos, con características que pueden resultarnos familiares en nuestros amigos y nuestro entorno, ya sea en tu periodo formativo o incluso en tu vida laboral, pues siempre podremos encontrarnos con estas virtudes en nuestros compañeros de trabajo.

Por ejemplo:

El Arquero

Está nuestro amigo listo con una apariencia frágil. Él desde lejos hace más daño que en confrontaciones uno a uno.

El Asesino

Los amigos que cada vez que hablan hacen demasiado daño.

Por lo regular, esos salvajones andan metidos en pleitos con otros y tenemos que calmarlos para que se metan en más problemas de los que ya tienen, diciéndoles:

—¡Bájale, hombre!—.

Ya que son más de tomar acciones y no pensar antes de actuar.

El Tanque

Son nuestros amigos grandotes que aguantan las bromas más pesadas y que defienden a sus camaradas ante los ***bullies***. Para ellos pensar de forma rápida no es su fuerte, pero tienen un corazón enorme.

El Mago

Siempre son nuestros amigos superinteligentes y callados, súper introvertidos, que buscan la manera de sacarse un as de la manga cuando la banda se encuentra en malos pasos.

El Sanador

Suelo relacionarlos con los amigos que se interesan más por el bien común, más por los demás que por ellos mismos.

Te hablan por teléfono para saber cómo te va, defienden a los amigos ante las críticas de los demás y cosas así.

Esta analogía de juego conceptuado alrededor de las características individuales de un amigo, te puede ayudar a analizar su forma de pensar y plantear personalidades.

Ciertamente, puedes usar analogías para identificar a algunos profesores y entender cuál será su proceder cuando te toca responder sus exámenes.

Aunque es muy importante que como individuo aprendas a identificar y a analizar la forma en que un profesor se comporta, existen ocasiones en las cuales los astros se alinearán para poder hacer esto de manera grupal.

Imagina a todo un salón de clases con el único objetivo de estudiar al profesor, todo para alcanzar un resultado colectivo. Lo anterior sucedió una vez durante mi universidad. Lo viví cuando tomé la clase de Finanzas con un profesor apodado "Carnitas". Este excelente maestro, se ganó su sobrenombre cuando el primer día de clases nos dijo:

—De los cincuenta que hay, me conformo con que aprueben tres. A los demás, los haré carnitas—. Y con la mano simuló el gesto de un taquero al cortar las carnes.

Realmente, no nos impresionó el comentario. Los maestros de todas las universidades tienen su fama y antes de entrar a clase, por lo regular, ya sabes a qué le tiras. En realidad, son los maestros que saben a lo que van.

La dinámica que tuvimos en esta clase fue increíble, pues una de las advertencias de Mr. Carnitas fue que él iba a explicar un ejemplo de cada cosa que tuviéramos que aprender. Después de eso se iba a su escritorio y si alguien tenía preguntas, las contestaba; si no, cada quien podía hacer lo que quisiera. El libro que llevábamos contenía alrededor de unos cincuenta ejercicios por unidad.

Lo que Carnitas nunca divisó fue que como grupo intentamos terminar el cien por ciento de los ejercicios. Y que en cada clase, en vez de limitarnos a sentarnos sin hacer nada teníamos mil preguntas, procurábamos pasar al pizarrón y tratábamos de resolver cada ejercicio. Esas acciones nuestras cambiaron su actitud frente al grupo. Estaba frente a un grupo que le agradaba, aunque su materia no fue fácil de aprender.

Creo que fue una de las más laboriosas de toda mi carrera. Esta asignatura no tenía un gran porcentaje de acreditación, pero la mayoría de los alumnos aprobamos. Al fin del curso, muy conmovido, nos explicó que era la primera vez que veía algo así.

El profesor Carnitas no volvió a enseñar. Al finalizar el semestre, salió de vacaciones y perdió la vida en un accidente automovilístico. Era un gran maestro que hubiera ayudado a la educación en México.

Hacer trampa, ¿ES HACER TRAMPA?

Cuando tenía 14 años viajaba en un modesto camión de pasajeros en Veracruz y delante de mí iba una señora que abordó en el camino; frente a ella, estaba sentado un señor con una chamarra que no iba de acuerdo al clima del puerto. Yo miraba el paisaje por la ventana como lo hacíamos los adolescentes distraídos de aquella época en que no existían los teléfonos celulares y los Ipods. La señora se levantó para pagar y súbitamente el señor con la chamarra gruesa se levantó también y un monedero cayó al suelo desperdigando sus monedas. Mientras él se dirigía a la puerta posterior para bajarse, rápidamente me agaché a recoger las monedas y el monedero y se los entregué.

Él me miró de una manera extraña y sin agradecerme se bajó del camión. Me molestó su ingratitud, pero de nuevo me senté. La señora, que ya había ido a pagarle al chofer, regresó y empezó a gritar:

—¡Me han robado, me han robado!

Yo seguí viendo a la ventana, ahora más firmemente que nunca.

En ocasiones es muy fácil optar por lo que nos genera una solución rápida, para ahorrarnos tiempo o salirnos del apuro cuanto antes.

Durante tus años de carrera te enfrentarás a dilemas que te cuestionan si el aprendizaje es bueno o malo. No faltarán aquellos momentos en que alguien reparte las respuestas del examen que se presentará al día siguiente:

—¿Esto es hacer trampa o es algo bueno? ¿Debería hacerlo o alejarme? ¿Habrá consecuencias si intento copiar?

Hacer trampa o ser deshonesto en general es un tema complicado y de gran interés. Hemos crecido en presencia de personas que se hicieron famosas de ambas maneras: siguiendo las reglas o jugando con ellas. ¿Pero en dónde está el límite que divide lo que está bien de lo que está mal? ¿Dónde queda el remordimiento si cometo algo fuera de lo que debe ser?

Durante mi vida universitaria, junto con mis compañeros, me quejé de aquellos que obtuvieron mejores calificaciones que los demás usando algún truco, ya sea para los exámenes o los proyectos ¿Qué es lo que debíamos hacer? Era confuso, ya que dichas personas salían adelante y nosotros sólo nos manteníamos con el enojo en lugar de hacer lo correcto para no quedarnos atrás.

No pretendo que con este libro encuentres salidas fáciles a tus trabas. Es tan difícil definir qué cosas son buenas y cuáles son malas, que la línea de criterio se vuelve tan delgada como para reventar sin que alcancemos la respuesta correcta. Es como hablar de la belleza, lo que para algunos es magnífico para otros carece de total sentido.

En este mundo puedes hacer lo que quieras con tu vida, siempre y cuando seas responsable de sus consecuencias. Si quieres copiar en un examen y le pides ayuda a un amigo puedes desatar una acción perjudicial, como que lo descubran pasándote la respuesta o que crean que él es el que está copiando, le anulen el examen y repruebe la materia.

Ser aventajado puede servir un par de veces, o puede que te parezca correcto trabajar con alguien que aprovechó malévolamente las circunstancias del momento. Seamos sinceros: nadie confía en este tipo de personas. Los inteligentes se harán a un lado o los utilizarán para hacer el trabajo sucio. ¿Te parece correcto? ¿Por qué tenemos que vivir en un país donde "el que no transa, no avanza"?

Empecemos por ser el país que se apoya mutuamente para una meta en común. No esperemos más generaciones para que esta ideología cambie.

Existen muchos textos dedicados al karma, aquella energía universal, interpretada como un alma justiciera que tarde o temprano nos hará pagar por lo que hacemos mal. Soy un fiel creyente y en mi experiencia trato de ir por el sendero de lo honesto para atraer las recompensas por mis buenas acciones.

Hace unos ocho años me mudé a Mérida, Yucatán, por unos tres meses. Tenía en mi agenda abrir una distribuidora de refrescos y como bebida estrella contábamos con el sabor tamarindo que me encanta. Durante esa etapa, mi jefe me presionaba para que nos conectaran la luz en espera de los veintitantos días que la Comisión Federal de Electricidad requería para tal trámite. Muy confiado, me dediqué a darle una propina a cuanto empleado de la Comisión me encontraba, con tal de que conectasen enseguida la electricidad a mi bodega.

Mi sorpresa fue conocer a más de cinco empleados de origen yucateco y de obvia ascendencia maya, que se negaron a aceptar el dinero para acelerar mi trámite. Uno me preguntó sobre qué pasaría con las personas que deberían tener electricidad el mismo día que yo adelantara los hechos. La persona me explicó en pocas palabras los efectos de la deshonestidad: si se tomara el dinero de todas las personas que tratan de tomar ventaja sobre aquellas que esperan por sus servicios, se generaría un caos. ¿Cómo decirlo? sería como un efecto mariposa, donde una que aletea en Brasil puede ocasionar un tornado en Texas.

Así uno imagina los efectos buenos y malos de sus actos al momento en que se realizan y no en el momento en que presentarán sus consecuencias. Con alegría digo que Yucatán es uno de mis estados mexicanos favoritos, pues la honestidad de su gente me trae de regreso.

Mi estimado profesor Senen del Instituto Tecnológico de Veracruz solía hacer hincapié en que ayudáramos a los demás, creciéramos en grupo y jaláramos a la gente para arriba. Fueron las palabras con más sabiduría, contrarias a las del señor Maquiavelo en cuanto a que "el fin justifica los medios". ¿Acaso esta cita será correcta siempre?

Durante tu faceta de estudiante y como trabajador encontrarás muchas oportunidades para hacer trampa. Parecerá una manera rápida de impulsarte hacia adelante y en ocasiones puedes creer que no hay consecuencia de la cual preocuparse, de que se ha tomado el camino más fácil. Pero con los años se aprende que la verdad sale a flote y que las consecuencias, sin importar de qué tipo sean, se harán evidentes.

5

Trabajos en equipo. ¿CUÁL ES TU TIPO?

Este capítulo me hace sonreír en lo más profundo de mis entrañas. Hacer equipo durante la universidad es de las cosas más complejas y, al mismo tiempo, más divertidas y entretenidas. En tu estancia en la universidad, harás equipo en el estudio con una correlación directa con tu etapa laboral.

Vas a estar en dos grupos: uno en el que escoges a tus compañeros y otro donde te los imponen a la fuerza, probablemente personas que no te agraden o que quizá ni conozcas.

Estas opciones tienen sus pros y sus contras. He tenido la oportunidad de hacer equipo con gente muy buena como también con gente demasiado mala. En la escuela usaba un dicho que espero se siga empleando siempre: "En un equipo siempre está él que pone la casa, él que pone la comida y él que hace el trabajo". Esta situación se repite en el ámbito laboral.

Llegaremos a tener compañeros que ni ponen la casa, ni dan para la comida o que están presentes y no mueven ni un dedo. O triunfamos o nos hundimos en compañía. Habrá que aprender a decidir acerca de esta circunstancia.

1. El que pone la casa

Cuando se trata de hacer trabajo en equipo, se necesita de un espacio de concentración para ponerse a chambear.

Se piensa que no aporta nada quien nos brinda la casa, pero este chico proporciona el ambiente ideal para que el proyecto sea un éxito. Si tú eres el que no pone la casa, objetarías si no tienes un lugar más cómodo para la concentración.

Quien da la casa funciona como facilitador de la actividad. Sabe que cuenta con un cuarto, escritorio o suficientes enchufes para todas las laptops y equipos que se necesiten, y que su conexión a Internet está al tiro para bajar toda la información. En algunos casos, cuenta con las literas o espacio para acampar en caso de quedarse a dormir.

Este cuate no lo nota y quizá piense que toma ventaja del que hace la tarea. Pero en realidad, es parte crucial del equipo. En la vida laboral también existe una persona que hace lo mismo. En mi experiencia he visto personas que aseguran una ubicación cómoda para todos, que posee conexiones, Internet y que permite seguir laborando a altas horas de la noche.

2. El que pone la comida

Trabajar en proyectos que tomen varias noches necesita de alguien que tenga el presupuesto para comprar los tacos o sepa cocinar. Este tipo de integrantes pareciera que no traen mucho valor, pero cuando estás en ambiente, sabes que un equipo bien alimentado trabaja de manera más productiva.

De hecho, en el ámbito laboral esto es muy común, ya que hay un encargado de traer o comprar la comida para proyectos que duran más allá de la jornada de trabajo.

Laborar horas extra es una actividad que no se desea hacer, y encima de eso, si se trabaja con hambre el proyecto no llegará lejos.

3. El que hace el trabajo

Ciertamente, se necesita de alguien que se preocupe por hacer lo que necesitamos. A esta persona nos referimos como ***el cerebro***.

A este cuate se le facilita la realización de tareas. Normalmente, es conocido por sus buenas calificaciones y podríamos decir que es el integrante más valioso. Y la realidad es que si no está cómodo y motivado con una buena cena, su productividad no sería magnífica.

Pensaríamos que cada uno de estos personajes vale más que otros. Quizás en algunos ambientes laborales se refleje la realidad.

Ahora imagina si combinamos a los tres integrantes. Imagina que tienes:

"El que pone la casa, otro que pone la casa y el que pone la comida".

Con esta combinación se lograría poco. Lo primero que va a pasar es que peleen los que ponen la casa para saber en dónde realizar el trabajo. Cuando esto concluya, alguien irá por la comida. Pero, a la hora de trabajar, no habrá quien los motive con las tareas.

La verdad es que vas a tener que aprender a trabajar en equipo te guste o no, y de acuerdo a quién seas, visto desde el párrafo anterior, es la manera en como mejor te acoplarás a tus compañeros y a las necesidades del trabajo.

Definamos los tres escenarios y tratemos de identificar cada uno de ellos en el ambiente laboral.

Bueno, dirás, ¿el que hace la chamba es quien importa?

Checa este escenario:

"El que hace la tarea, el que hace la tarea, el que hace la tarea".

Hay tres que hacen la tarea, pero que no tienen donde hacerla, ni mucho menos recursos para los tacos. Para colmo, no tienen el talento para presentar el proyecto. Este ejemplo te enseña que puedes tener lo mejor en tu equipo, pero sin diversidad de talentos para que el proyecto llegue a ser realmente exitoso.

La clave está en que si tú eres el cerebro entiendas que quien proporciona un espacio y el que da para la gasolina son igual de importantes para realizar la tarea.

Como estudiante, entenderás qué puesto ocupas:

"El que va por la comida, el que pone la casa o el que pone el trabajo. Es mentira creer que en la mayoría de los escenarios serás siempre quien saque el trabajo".

Cada persona es diferente y aunque algunos compañeros no te parezcan aptos para ciertas cosas, cada miembro puede demostrar un talento para volver más eficiente la labor a realizar. Por cada materia, hay alguien que puede ser mejor.

Yo soy bueno programando, pero para Química resulté inepto. Mientras que en un proyecto de programación yo era el que hacía el trabajo, para los de Química daba la casa o patrocinaba los tacos. No siempre ocuparemos el mismo lugar en cada equipo.

Para que un proyecto sea exitoso, no trates de menos a la persona que pone la casa o paga la cena. La vida da demasiadas vueltas y tú puedes ocupar un rol diferente según las circunstancias de la tarea. Está en ti definir qué rol tiene cada quien para triunfar. No te llenes el ego en ser el mejor o te sientas mal por brindar el espacio. Cada una de estas acciones tiene un impacto positivo en la finalización del proyecto.

Para dar un ejemplo donde se expone que el rol que obtengas depende del equipo y que la vida te puede deparar fortunas diferentes, recuerdo que cuando estábamos en la universidad, mi amiga Brenda tomó el rol de la persona que pone la casa y el de la persona que fue por la comida. Nos preparó unos ***hot dogs*** a eso de las 11 de la noche y ese gesto nos llenó de más energía para continuar trabajando.

Fue así como terminamos el proyecto de manera exitosa. Ella se ha desempeñado como consultora de Oracle y gana tanto dinero como lo pudiera haber hecho aquel que hizo el trabajo, ¿qué te dice esto?

No importa que en algunos proyectos seas el que pone la casa y los ***hot dogs***, lo que importa es tu apoyo y participación en el equipo. Cuando trabajes en equipo no menosprecies ninguna labor o actividad por humilde que sea, porque incluso esa es importante para alcanzar el éxito.

La universidad y la Gran Pregunta; ¿AHORA QUÉ?

Antes de aventurarme a vivir en los Estados Unidos de manera legal (créanme que hacer hincapié en eso hace una gran diferencia en la experiencia que vas a vivir), decidí dar clases en una universidad/bachillerato privado al cual yo mismo había asistido. Tuve muy buenas razones para escoger esta escuela: primera, porque consideré que habría un benefício mutuo al desempeñarme como catedrático, pero asimismo, era un llamado como persona a un lugar donde me necesitaban.

Durante mi experiencia de catedrático tenía como responsabilidad el grado de bachillerato y últimos semestres de universidad, lo cual me daba la oportunidad de convivir en dos tipos de ambientes completamente diferentes.

En capítulos anteriores he hablado de mis experiencias en el bachillerato, pero hasta ahora me he quedado callado en lo que es mi experiencia como catedrático a nivel universitario.

Creo que ya he hablado acerca de las circunstancias y características de los procesos cuando estudias una universidad, pero durante mi experiencia me desempeñé como profesor de administración para el octavo semestre de la carrera de Licenciado en Administración de Empresas.

En este capítulo te comparto mi vida como catedrático y las experiencias que de ello he obtenido. En realidad, ésta fue una de las experiencias más satisfactorias desde el punto de vista del factor humano. Los alumnos eran pocos y la mayoría de ellos tenía en su mente la gran victoria por delante: convertirse en administradores de empresas.

En mi primera clase, recuerdo haberme puesto al frente de todos y decirles:

—Están en su último semestre de carrera, ¿qué van a hacer a continuación?

Esta pregunta generó en el rostro de mis alumnos una palidez tal y como si hubieran presenciado una obra del Cirque du Soleil o visto un fantasma. Es sumamente triste para mí describir que todos aquellos alumnos que se encuentran en los últimos semestres de su vida como estudiantes y están listos para ingresar al ambiente laboral a la vez no tienen ni la más mínima idea de qué hacer después. Pareciera que conquistar la montaña de una carrera universitaria es sumamente grande y compleja, que el sólo hecho de pensar en lo que está después de esa montaña te arranca las entrañas y no te deja pensar.

Para algunas personas la universidad es una meta tan grande y alta que pierden total percepción de lo que van a hacer después. Lamentablemente, no tener la visión de esta meta y montaña tan grande podría significar para muchos la diferencia entre entrar a un trabajo que marcará tu vida como un triunfador o llevarte a una condición de vida desperdiciada estudiando como burro para al final terminar conduciendo un taxi (si bien, ya dije antes que esto no es necesariamente malo), algo que pudiste haber hecho cuatro años antes en vez de esperar concluir la universidad para hacerlo.

Tener en la mente la meta que pretendes alcanzar después de la universidad es sumamente importante. ¿Por qué no eres capaz de lidiar con lo que te queda de la escuela en el último semestre, con aquello que viene? ¿Por qué es tan difícil?

La realidad es que cuando nos encontramos en las últimas etapas de un proceso, nuestro cerebro empieza a apagarse de pronto porque necesita reposo, necesita un descanso de todo el relajo de completar un capítulo. La realidad es que debemos aprender a discernir el tiempo y la cantidad de energía que gastamos en terminar los estudios universitarios, con la energía que necesitamos para obtener nuestra siguiente tarea.

Algo que tú puedes hacer y recomiendo es que cuando estés en tus últimos semestres empieces a hacer conexiones. ¿Qué es lo que está haciendo tu maestro, ¿Dónde trabaja? ¿Qué te recomienda basándose en el perfil que ve en ti? ¿Qué pueden hacer él o ella para motivarte a alcanzar el siguiente peldaño?

Cuando ejercía como maestro en el último semestre de universidad no les di tregua a mis alumnos. Yo estaba ahí para contestar todas sus preguntas, pero créanme cuando les digo que ese semestre fue uno de los peores que pudieron aprobar. No sólo por la dificultad misma sino porque tenían realmente que pensar. El ambiente laboral en Veracruz (donde me encontraba enseñando) no sólo se basaba en encontrar un trabajo, sino en encontrar uno que te pudiera llevar a donde aspirabas a llegar.

Mis exámenes se basaron mayormente en el raciocinio y más adelante hablaré de por qué se aprenden tantas cosas, de las cuales realmente vas a utilizar pocas en el ambiente laboral.

Después de mis ejercicios militares-laborales, mis alumnos empezaron a entender que tenían que encontrar ese nicho en el cual ellos pudieran ser productivos, y no sólo productivos, sino también académicos que llegaran a agregar valor a las empresas.

Actualmente donde trabajo todo lo que se aprende en la escuela podría valer nada, porque es en realidad tu persona la fuerza que traes a una empresa, esa sinergia que provoca el cambio, esa sinergia que provoca que los gerentes digan:

—¿De qué chingados está hablando este chamaco?

Muchas de las nuevas empresas en Estados Unidos denominadas ***Start up's*** traen consigo esto, una energía de cambio, una energía que agita a las empresas hacia un estado disruptivo, que los eleva a lo que es la tecnología de punta en nuestros días. Y esa energía disruptiva ¡eres tú! Si quieres ser visto como alguien de valor en la empresa tienes que salir de la universidad y llegar con una energía que va a causar cambios positivos, drásticos y futuristas en donde quiera que vayas a ser empleado. Sin embargo esto no va a funcionar en cualquier empresa por supuesto, pero sí en aquellas que estén preparadas para ti, que estén dispuestas a darte la oportunidad. En la empresa capaz de traer el futuro en este instante querrás echar raíces.

7

Fuerza LABORAL

Cuando se trata de ingresar a la fuerza laboral, todo lo que aprendiste en todos tus benditos años de estudio se van por la borda. Créanme que nada de eso importa, importa tu actitud en lo que sigue.

Recuerdo que, en mi primera entrevista laboral, estaba hasta la "***máuser***" de estudiar y dormía en una litera por ahí de las nueve de la mañana. Mi padre me llamó para preguntarme qué estaba haciendo, pero la noche anterior había tenido problemas con mi novia y no llevaba ganas de levantarme de la cama. Él me indicó:

—Ya terminaste la Universidad, es hora de que entres a trabajar.

La verdad es que yo he trabajado desde los seis años, pero esto significaba un segundo nivel.

—En el periódico hay dos opciones de trabajo. Te me arreglas y te presentas a ambos para las dos entrevistas.

Como todo un hijo respetuoso lo hice, aunque de mala gana. Me presenté a la primera, la cual resultó ser de lo más aburrido de mi vida. La segunda cita era a las diez de la mañana, pero el dueño de la empresa no se desocupó sino hasta las cuatro de la tarde. Recuerdo haber hablado con mi ex novia para decirle que no podía ir a la premier de ***Spiderman***, porque el tal no se dignaba a entrevistarme y ya eran las dos de la tarde.

Al fin, el dueño se dignó salir de su oficina y me vio:

—¡Oh! ¿Aún estas aquí?

Y se dio el lujo de darme la entrevista. Sólo nos tomó cinco minutos saber que yo era la mejor opción para lo que él requería. La verdad es que siempre he sido un chamaco precoz y quizás un tanto impertinente, pero luego de 30 minutos de trivialidades me dijo:

—Tú pareces ser el mejor candidato a la posición que necesito, pero es lunes y tengo entrevistas hasta el jueves.

A lo cual respondí:

—Bueno, ya no pude ver la película de ***Spiderman***, pero avíseme el viernes a qué hora quiere usted que me presente.

Tal cual, le marqué el viernes y me dijo que me presentara el lunes a trabajar (hablaré más de esto después, cuando hable de tu primer trabajo). Siempre debes estar seguro de lo que vales, de lo que eres capaz de hacer, pues es la llave instrumental de tu carrera, la que tienes que estar consciente en explotar.

Al salir de la universidad, muchos egresados piensan que todo lo que les enseñaron los maestros va a ser aplicado en lo que harán en su trabajo. La realidad es que será aplicado mayormente en nada o casi nada, pues hay que saber adaptarse e improvisar.

Cuando salí de la universidad era muy bueno en Delphi y cuando llegue a mi primer trabajo mi jefe me indicó:

—Necesito que diseñes todo esto en Visual Basic (lo sé, estoy bien viejo).

La realidad es que la tecnología cambia constantemente y te ocurrirá lo mismo a ti cuando salgas. No me quedó más que aprender Visual Basic y hacer lo mejor que pude para cubrir las necesidades de la empresa.

Por eso es importante que estés preparado porque cuando terminas los estudios universitarios y crees que ya la armaste, que ya terminaste de estudiar, que aprendiste todo lo que tenías que aprender, realmente estás 99% equivocado.

Los sistemas educativos están tan atrasados, que para el momento en que entras al campo laboral, muchas cosas están totalmente avanzadas o totalmente atrasadas. Por eso viene aquí la recomendación de oro por la cual pagaste unos pesos a través de este libro: tienes que estar listo para improvisar.

La vida laboral no es más que tú en un mundo que se dedica a hacer dinero. Donde improvisas, aprendes y pasas la mayor parte de tu vida en Google a fin de aprender todo aquello que tu jefe desea que sepas para generarle más dinero.

Lo sé, la vida es más que lo que acabo de mencionar, pero este libro tiene un nivel de enseñanza que pienso respetar. Si quieres tener una conversación más elevada acerca de lo que es la vida, escríbeme un correo electrónico y nos tomamos un café o unas cervezas.

Creo que una de las cosas que realmente funcionan en México, si es aprovechada de manera correcta, es la práctica del servicio social o las residencias profesionales, las cuales muchos de nosotros tomamos como si fuera una materia más. Realmente hemos dado poca importancia a una de las oportunidades más grandes que tenemos de enfilarnos con éxito en la fuerza laboral.

Tener la oportunidad de pasar seis meses en una empresa es algo que debes tomar muy seriamente, debes pensar en dónde quieres hacer tus residencias, tomando en cuenta que muchas empresas contratan a las personas que hacen sus residencias si resultan ser buenas aprendiendo. Es decir, aquí tienes la oportunidad de llegar a un trabajo sin la traba de las expectativas.

Cuando llegas a una nueva empresa los dueños y gerentes esperan ciertas cosas de ti para hacer que valgas lo que te pagan. Pero en unas residencias laborales, ellos están ahí para enseñarte, están ahí para que efectúes una actividad que por lo regular para ellos es mundana, pero que para ti es una gran experiencia.

Antes de decidir donde hacer tus residencias, piensa en lo que quieres obtener como resultado, qué conocimientos deseas obtener. ¿Quieres ser diseñador? Entonces no vayas a trabajar en el gobierno para llenar formas de Excel. ¿Quieres ser programador de computadoras? Entonces no vayas a trabajar a la Comisión Federal de Electricidad para instalar medidores. Es decir, investiga con meses de anticipación el lugar que te otorgará el conocimiento base de lo que quieres hacer al terminar la carrera universitaria. Y aquí viene de nuevo mi recomendación: debes hablar con tus maestros, ya que muchos de ellos tienen trabajos fijos y siempre están buscando sangre nueva.

Confieso que ahora que leo mis propias palabras, me hubiera gustado haberlas conocido antes de haber tomado mi decisión. Mi experiencia no fue la mejor en mis residencias y no sé si este libro tenga cabida para esa historia. La realidad es que no debes tener miedo de buscar. Cuando estamos jóvenes todo nos parece o demasiado fácil o demasiado difícil, pero la realidad es que muchas empresas, como en la que trabajo, no dudarán en tomar personas con hartas ganas de aprender y emplearlas en sus proyectos.

Busca en la Internet empresas que te atraigan, toma las residencias como un previo a la búsqueda de empleo.

Es decir, si quieres entrar a trabajar a Google, ¿por qué no buscar en la página de Google México por si tienen oportunidades de residencias? Créeme que cuando he buscado trabajos, siempre encuentro muchas opciones en Internet como las denominadas ***Interships***. No te cuesta nada más que tiempo y dejar de jugar videojuegos por un rato para hacer tu solicitud de trabajo. Y no sólo hagas tu solicitud en una, hazla en diez empresas. Tú nunca sabes lo que pasará, ¡sólo hazlo!

Tu primer EMPLEO

Antes de empezar el capítulo, olvídate de la idea que muchos tenemos por nuestra falta de experiencia laboral: "Gracias a Dios, tengo trabajo". Por supuesto, gracias a Dios que lo tenemos, pero no sólo porque se nos presente una oportunidad debemos tomarla, pues es muy probable que podamos llenarnos de problemas.

La búsqueda de trabajo es muy difícil y conozco personas que tardaron meses en encontrar uno. Por eso hay personas que cuando lo encuentran, jamás lo dejan.

¿Es realmente tan mala la situación al grado de que no sea posible encontrar trabajo con rapidez? ¿O es la actitud del candidato la que lo lleva a encontrar y seleccionar un buen trabajo? Dividamos este capítulo en dos secciones, que te ayudarán en tu búsqueda de un mejor empleo y en tus capacidades como candidato.

El primer trabajo

Existen muchas formas de iniciarse en la vida laboral, dependiendo de tu carrera. La primera es iniciando tu propio negocio, ya sea que lo hagas en grande o procurando adquirir experiencia para otro trabajo.

Cuando estudiaba en la universidad me dediqué a arreglar computadoras de médicos, lo cual me dio experiencia en ese ramo. También me dediqué a realizar programas computacionales para pequeñas empresas, con lo cual agregué experiencia a mi currículum.

La segunda opción es trabajar para una empresa pequeña. Ello permite mayores oportunidades de realizar cosas de acuerdo con tu área, debido a la escasez de personal que normalmente posee una empresa pequeña. La última opción, a mi criterio, es trabajar para una empresa grande, con la cual obtendrás mayores opciones de crecimiento, aunque normalmente harás trabajos pequeños e insignificantes por tu falta de experiencia.

Cuando me desempeñaba como consultor para Deloitte veía cómo muchos recién egresados se sumergen en el arte de la consultoría, muchos de los cuales salen de la empresa para trabajar en alguna de alto renombre como Google o Microsoft. Pienso en la gran cantidad de experiencia y ventaja profesional que hubiese tenido si me hubiera unido a la empresa al terminar la universidad. No todos podemos entrar como consultores y por eso, para comprobar tu aprendizaje, la empresa te permite emplear todo aquello que has aprendido en la universidad o por cuenta propia.

Al entrar a mi primer empleo, mi jefe, aun cuando era ingeniero en sistemas, no había tenido tiempo de poner su casa en orden. Cuando me contrató, hicimos un plan sobre los procesos que necesitaban ser automatizados lo antes posible.

En mi primera automatización, teniendo a su empresa como un lienzo en blanco, creé mi primer sistema, el cual reducía la cantidad de empleados necesaria para la misma actividad en 80% y a su vez generaba 50% más producto.

Esto fue un éxito para el dueño de la empresa, pero significó despedir a 80% de las personas que trabajaban en el departamento. Parecía que la Revolución Industrial tomaba protagonismo de nuevo, ahora en una empresa pequeña. Duré cinco años en esta empresa donde hice y deshice lo que mi puesto me permitió. Aquí fue donde por accidente borré mi primera y última base de datos en producción, en la que había trabajado una semana completa.

Nuestros errores nos fortalecen. Luego de esa equivocación fui a ver a mi jefe y dueño de la empresa para informarle lo sucedido. Mi jefe, con una sonrisa extraña, me respondió:

—¿Y qué haces aquí? Repara el error.

Cuando cometas un error no tengas miedo en aceptarlo. Uno aprende demasiado de ellos y es demasiado vergonzoso esconderse detrás de los mismos. En uno de mis empleos en los Estados Unidos, un compañero de ascendencia latinoamericana me preguntó por qué acepté haber cometido un fallo y le respondí:

—Porque fue mi error.

Él me dijo:

—Mi papá me enseñó a culpar siempre a alguien más.

Todos nuestros errores tienen remedio y ser honesto te traerá mejores resultados que mentir.

Aun cuando somos jóvenes, nos damos cuenta de que estar un año en un lugar donde no se aprende no trae beneficios a nuestro futuro.

No te conformes con un trabajo que no te permita superarte, no te conformes con la falta de retos. Una vez que salgas de la escuela conocerás varios tipos de grupos. Algunos usarán lo mínimo de sus capacidades, otros van a buscar la oportunidad para mostrar sus ideas y la manera de hacer negocios, ¿Cuál quieres ser?

Sentirse bien por repetir las cosas no es malo; si lo vas a hacer, por favor no mires atrás en un par de años, esperando que las cosas sean de forma distinta. Sólo quien trae ideas y herramientas para hacer dinero será reconocido en una empresa. Sé realista, pues así funcionan los escenarios de verdad.

Piensa muy bien en tu primer empleo. Selecciona en línea anuncios en periódicos y otras plataformas más. Apunta las opciones laborables que realmente te harían sentir a gusto y te permitirían crecer. No solicites trabajo sólo por solicitarlo, sino que toma el control de tu vida y lo que viene más adelante. Es fácil desviarse del camino y terminar en un trabajo que por diez años no traerá nada positivo a tu persona.

La actitud lo es todo

Cuando redactaba el capítulo desde el aeropuerto de Denver terminé por escribirle a Carlos, amigo mío desde la primaria. Él trabajó para una empresa reconocida de reclutamiento de personal y me dio muchísima información acerca de lo que está pasando en México actualmente. Algo que no me sorprendió es la falta de salarios dignos.

En México, los patrones se quedan con la mayor parte del pastel y en pocas ocasiones ayudan a los empleados que están dispuestos a crear una empresa mejor.

También me habló del problema de los recién egresados de maestría, que llegan a la entrevista y empiezan a pedir el cielo y las estrellas. Según Carlos, esto pasa comúnmente con los denominados ***Millennial´s Kid´s*** o ***Millennial´s***, y haré hincapié en que no tengo algo en contra de ellos. Al contrario, durante mi experiencia laboral tuve la oportunidad de trabajar con gente diez años menor que yo y logramos hacer equipos magníficos.

Seamos honestos, ¿cómo no esperar que los niños del milenio lleven ese empuje? Crecieron con normalidad junto a las computadoras. Mi sobrina de cuatro años de edad maneja el IPad de manera increíble desde los dos años, mientras que personas de edad mayor aprendimos a usar la computación en la medida en que estudiamos una carrera o tomamos algún curso. En cambio, estos chicos milenarios crecieron con el IPad bajo el brazo. Han aprendido de manera natural lo que a muchos les costó semanas de cursos.

Mi amigo Carlos también mencionó que ha tenido diez jefes más jóvenes, algunos porque realmente se lo merecían y otros por compadrazgos.

A todo esto, ¿dónde estás tú y qué lugar ocupas en la entrevista? ¿Serás alguien que exigirá mil cosas sin experiencia alguna? ¿O te pondrás de frente a tu entrevistador para demostrarle que vales eso y más? ¿Serás alguien sereno y receptor de las señales del reclutador, y te harás camino hacia ese trabajo conforme se desarrolla la entrevista?

Carlos me comentó que los reclutadores no se fijan en el promedio del alumno, sino en la actitud a la hora de la entrevista. Muy a la norteamericana me dijo:

—Tú debes saber cómo es esto: "Attitude is everything".

Es cierto.

No te desanimes al creer que tus buenas calificaciones no te abrirán las puertas, pues hay situaciones de todo tipo para encontrar un trabajo.

Freddy, un querido amigo con quien realizo un proyecto, es un chico increíble y desde que lo conocí me dio la impresión de que obtenía altas calificaciones, lo cual me motivó a conocerlo más. Hablando de su tesis, le pregunté por qué no usaba la opción de titulación por promedio y, sorprendentemente, me comentó que su promedio no era alto. En ocasiones, una actitud positiva habla más que una calificación perfecta.

Durante la conversación con mi amigo Carlos aprendí que México está evolucionando en el área de reclutamiento y que, a nivel nacional, las empresas se están dando cuenta de la calidad y aptitud del personal que necesitan.

Solemos pensar que el entrevistador es superior a nosotros. He tenido muchísimas entrevistas de muchos colores y sabores. Hay que saber quién nos entrevista, puede ser el jefe del área de

Recursos Humanos, que solamente te hará un par de preguntas tales como cuánto habrá que pagarte y en qué puedes contribuir a la empresa.

Otras veces será el dueño de la compañía, como en mi primer trabajo, donde analizará si eres una buena inversión a su negocio. Investiga acerca de la empresa. ¿Por qué habrías de trabajar en una que no conoces? Llega listo y sé sincero. Si sólo necesitas trabajar por algún tipo de urgencia, también es funcional para adquirir el empleo.

Para mi primera entrevista en Estados Unidos fui a una empresa de mala reputación relacionada con la venta de bienes raíces. Tenían tan mala fama, que pasaron media hora explicándome las razones de ello y yo no tenía idea de qué me estaban hablando. Acababa de llegar a Estados Unidos, pero esto me enseñó que para la siguiente entrevista debía averiguar para quién iba a trabajar. Fui aprendiendo de mis metidas de pata para prepararme mejor.

En una entrevista imprimí la versión en español de su sitio Web y corregí todos aquellos errores que sin ser experto en gramática pude localizar. Lo tomaron como una actitud de querer mejorar la empresa en vez de un acto de desprestigio.

Estoy seguro de que si analizas bien la empresa para la cual deseas entrevistar encontrarás algo relacionado con lo que sabes hacer. Seguramente tendrás ideas propias que se alinearán con la meta a la que quieren llegar. Y si no encuentras nada en Internet a la hora de la entrevista, no tengas vergüenza en hacer preguntas relacionadas con el trabajo y los proyectos que realicen y trata de vincular algunas de tus ideas con lo que los entrevistadores te comuniquen.

Si tienes a algún maestro o persona que admires, ex jefe, hermano o hermana mayor, simula una entrevista. Haz que ellos tomen el rol del entrevistador y que te hagan sugerencias sobre tu actitud en esta entrevista simulada. No tienes nada que perder, pero sí mucho que sorprender con tu iniciativa.

Cuando te presentes con el entrevistador tienes varias posibilidades: obtener un trabajo, buscar uno mejor o continuar en la búsqueda de un empleo. ¿Por qué preocuparte? Al contrario, trata de relajarte, sé tú mismo y haz de la entrevista algo personal. Remueve en tu mente las circunstancias de que ellos son empleadores y tú alguien que busca trabajo. Conócelos como personas, aunque no obtengas el trabajo.

Conocerás gente nueva y aparte de que te vean como un generador de dinero, te conocerán como individuo, lo cual podrá darte una mejor oportunidad como futuro empleado. Es mejor contratar a alguien que va a hacer el trabajo y con el que los demás se acoplarán, que trabajar con alguien que es muy inteligente, pero que tendrá conflictos con sus compañeros de trabajo.

Por último, quiero decirte que la actitud que tengas en la entrevista va a determinar si obtienes el trabajo. No importa si hay candidatos con más experiencia o más capacitados. Preséntate decidido y con una actitud positiva, así no tendrás nada que perder.

9

Actitud vs. COMPETENCIA

El objetivo de este apartado es enseñarte a sobresalir del montón. La idea surgió a partir de una plática con mi amigo Carlos, del cual he hablado ya en el capítulo anterior, y de la importancia de la actitud ante todo.

Mientras escribía, me vino a la mente el comercial donde un joven se encuentra en una sala de espera junto con otros cinco candidatos para una entrevista laboral. El chico observa en la pared unos cuadros en donde sólo hay hombres sin cabello. Se le viene a la mente una idea y corre a afeitarse la cabeza para después regresar como si nada a la entrevista. Luego, aparece el entrevistador, que observa a los participantes. Nota que ninguno es calvo y se decide por el de la cabeza rapada, basándose en sus inferencias.

Esto parece trivial a primera vista y sabemos que el comercial se desarrolló para demostrar la eficacia de una rasuradora, pero al igual que el protagonista, tenemos que buscar la manera de lograr ventaja sobre los demás candidatos.

Destacar es una buena herramienta y se activa entregando más allá del 100%, dando más de lo que se te pide.

He visto a personas que parecen motivadas y están siempre hablando, personas con iniciativa, pero ¡cuidado!, también hay que medirse con lo que se dice. "Dar el cien", significa que si alguien te pide algo lo harás de forma que te alcance el tiempo y de buen modo. Estar dispuesto a entregarse por completo también es prepararse para lo inesperado, quizás con el fin de hacer las cosas en menor tiempo del esperado. Es adelantarse a las necesidades de la persona que requiere tus servicios, pronosticar que posiblemente necesite algo que no te ha pedido.

Sobresalir debe ser un hábito, una iniciación a una cultura de buscar siempre lo mejor para uno. Sin embargo, si lo tuyo es quedarte en el mismo lugar y estás contento con el resultado debido a que los logros te llenan, sigue haciéndolo como hasta ahora. No quiero ser irrespetuoso, pero es un halago para mí el llegar a un punto donde se es feliz con lo que se tiene, que es lo más sublime del mundo.

Cuando estaba en la universidad, tenía que entregar un proyecto para mi estimado profesor Delio Coss. La tarea final consistía en crear una página Web con conexión a base de datos. Mientras los demás equipos mostraron páginas que se mantenían localmente, nuestro equipo entregó una página a la que se podía acceder desde Internet. Es decir, hicimos más de lo que se esperaba de nosotros.

De acuerdo a lo que he aprendido a lo largo de los años, uno de los factores para lograr salir adelante es la automotivación, la capacidad como individuo de incentivar logros. Es como tener una polea en un árbol que nos ayuda a impulsarnos hacia arriba. Esa polea es la que necesitamos identificar para echarle ganas, para ayudar a quien están a nuestro alrededor: padres, hijos, esposa, ¿Y por qué no, incluso para comprarnos un auto?

Una vez que esa polea tenga nombre, cara o precio no la pierdas de vista. Mantenla en la mira y concéntrate en cómo lograr el impulso hacia tu meta diaria. Mencioné la palabra ***concentración***, porque a veces uno se encuentra completamente seguro sobre la meta que se tiene, pero nos distraemos con factores externos que, cuando no se tiene fuerza de voluntad, nos empujan a otros ideales que no siempre son los correctos.

En un libro titulado ***Fish*** se relata cómo los empleados de una pescadería del estado de Washington se mantienen motivados entre ellos mismos y se ayudan mutuamente para mantener su mente en esa polea. Una de sus herramientas que me pareció genial es la de "prestar atención".

Pero ¿qué quiere decir esto de prestar atención?

Quiere decir que realmente te importe lo que alguien más te diga. Si durante una charla de trabajo o de escuela, alguien viene y te dice algo, conscientemente prestamos poca atención a esa persona. Imagina una empresa en la cual cada empleado decide concentrar su atención en lo que alguien dice y nadie mira el celular o fantasea en alguna aventura. ¿Cómo te haría sentir que alguien realmente estuviera presente en la conversación cuando le hablas? Cuando un maestro habla y tú no pones atención, además de la falta de respeto hacia el catedrático, pierdes algún tipo de enseñanza.

Durante una semana dedícate a prestar atención a lo que el profesor dice y notarás que es más fácil sobresalir en la clase y que necesitas menos tiempo para estudiar. ¡Qué ventaja!, ¿no? Muchos tiramos la toalla durante las clases y decimos: "Ya luego estudio o veo de qué estaba hablando", cuando en realidad tendrás que trabajar más tiempo y poner más empeño en aprender. Poner atención te dará mucha ventaja.

Poner atención en algo o alguien requiere de aquello que un profesor de maestría siempre decía: "La disciplina lo es todo". Eso es cierto y es una de las virtudes que deberíamos mantener a nuestro lado.

Hay que tener disciplina para estudiar, leer, programar, escribir, ¡para todo! Como ejercicios disciplinarios puedes intentar caminar a la escuela por una semana, ir a la cama temprano y dormir las horas adecuadas, no tomar cervezas por un mes. En fin, hay muchísimas maneras de entrenar la disciplina. Es como un músculo que requiere esfuerzo y ejercicio constante.

Cuando uno empieza a ser una persona más disciplinada, muchas actividades se vuelven más fáciles. Estudiarás más y con mejores resultados. En mi caso, gracias a la disciplina fui capaz de sobresalir en proyectos muy complicados en mi trabajo. Al tiempo que escribí este libro competí en un Hackaton de la ciudad, cursé la introducción a la UNADL, practiqué artes marciales y pasé tiempo con mi esposa.

Sin disciplina es muy difícil lograr varias actividades al mismo tiempo. Obviamente no podría ser capaz de mantener todas estas actividades al mismo tiempo por un periodo extenso, pero la disciplina nos da la fortaleza para hacer cosas similares.

Cuando tengas que terminar una tarea, evalúa cuál sería la mejor manera de finalizarla. Verifica si el tiempo que se te dio es el necesario; si no lo es, expresa lo que piensas y demuestra conocimiento acerca de cuánto tiempo se requiere para el proyecto.

La habilidad es valiosa. Analiza si lo puedes terminar en menos tiempo y si ello tendrá un impacto positivo. En lugar de pensar en terminar temprano, abunda en el tema, pues es como lavar los platos: ir más allá del ciclo de lavado también significa acomodar la vajilla.

Analiza qué tanto puedes hacer, pues si eres de esas personas que sólo hacen lo que se te pide, tus posibilidades de sobresalir serán menores.

En Deloitte existe un sistema de evaluación de personal del 1 al 5, donde el 1 es la calificación más alta posible. Pero lo más interesante de esta forma de evaluación es que la calificación 3 significa que haces exactamente lo que se te ha pedido que hagas.

Arriba del número 3 están la calificación número 2 y la número 1; es decir, extraordinariamente esta empresa tiene cabida para que tú no sólo procures hacer lo que se te pide, sino que al mismo tiempo puedas hacer más alcanzando un 2, o mucho más, llegando al 1. Imagina tu tarea en este tipo de evaluación y disponte a obtener un número 1 de calificación.

No sólo hagas lo que tienes que hacer, haz más de lo que se te ha pedido.

Conforme incorpores estas herramientas a tu vida laboral y universitaria, empezarás a tener logros que no podrán significar mucho en un principio, pero que al momento de las entrevistas serán las cerezas del pastel.

Durante muchas de mis entrevistas mencioné mis trabajos y cuánto me esforzaba en los proyectos para lograr grandes resultados, e igualmente hablaba de mis experiencias como residente. Hay que mencionar todas nuestras victorias, aunque sean pequeñas, para que induzcan a los entrevistadores a pensar que eres un gran candidato y no te dejen ir. No está permitido pensar como el resto y hacer lo mismo. Hay situaciones donde te puedes dejar llevar por la corriente, pero en términos profesionales hay que innovar, ser la fuerza de cambio en donde vayas.

10 Marketing PERSONAL

Como he comentado en el capítulo anterior, saber el valor de uno mismo puede hacer la diferencia en una negociación, pero es aún más importante saber cómo vender ese valor. En este capítulo intentaré dejarte claro cómo hacer esto.

Hace una semana me fugué a México con la idea de empezar las pláticas para la publicación de este libro. Mientras compraba mi boleto de autobús para regresar a Cancún y poder tomar un vuelo a Estados Unidos, escuchaba un reportaje de Radio Fórmula donde los comentaristas hablaban respecto a cómo los dueños de empresas pagaban salarios miserables a los universitarios recién egresados. El comentario de los locutores giraba en torno al salario que se ofrecía, menos de seis mil pesos, haciendo hincapié en la importancia del marketing personal como una materia dentro de los estudios para los próximos egresados.

Aquello me recordó una plática de hace un par de días con mi amigo y compañero de negocios Huriata, quien me mandó un mensaje en Google Hangouts:

—Hoy, después de un mes de estar trabajando para esta empresa, voy a pedir un aumento. ¿Qué piensas?

Y le respondí:

—O no sabes venderte o la cantidad de trabajo que te han asignado sobrepasa las horas que tienes que trabajar para esa empresa.

Él me respondió con sinceridad:

—Un poco de los dos.

Hablando con sinceridad, el llamarle ***marketing personal*** es una gringada, un anglicismo de moda. ¿Por qué no lo llamamos ***saber venderse***?

Durante el transcurso de este libro he hablado en varios capítulos de cómo es importante saber lo que estamos a punto de vender a un empleador, y por vender me refiero al producto más importante: tú.

Durante los últimos años me he encontrado con la sorpresa de que los salarios han subido en mayor cantidad de lo que eran hace siete años que dejé México. En el 2016 estaba tratando de contratar personal para desarrollar aplicaciones de internet y dentro de esas entrevistas conocí a gente que ofrecía sus servicios entre seis mil a ocho mil pesos mexicanos mensuales. Aquello me produjo momentos de grata emoción.

Cuando me encontraba en la etapa de cambiar de trabajo, sentía que mi compañía actual no me está pagando lo justo, dada la cantidad de trabajo y dinero que genero para la empresa. Así que he decidí que era tiempo de cambiar de aires, lo cual nunca es fácil. Moverse de un empleo a otro trae consigo muchas dificultades, empezando con el solo hecho de que es algo nuevo. Siempre se tiene que salir de esa llamada zona de confort, que es algo que nos puede causar dificultades e incluso verdadero dolor.

Cuando veo la lista de empleos a los que puedo aspirar y los comparo con el que tengo actualmente, por un momento se me hace más fácil pensar que quedarme en donde estoy podría ser la mejor opción. Pero, ¿es en realidad la mejor opción? ¿O simplemente es el deseo y la satisfacción de no pasar por un momento de inseguridad que nos retiene a quedarnos en el lugar dónde estamos?

Sin duda, esta es una de las partes más difíciles de la evolución profesional, dejar esa vida donde nos sentimos tan cómodos, que el solo hecho de pensar a dónde ir se hace tan complicado y nos hace estancarnos donde estamos.

Y como soy yo quien está escribiendo este libro, no tengo excusa para quedarme en mi propia zona de confort, así qué he estado ya participando en entrevistas con otras empresas. Es en estas entrevistas donde el saber venderse cobra la mayor importancia. Estoy dejando un trabajo porque pienso que la empresa no me paga lo suficiente para que yo acepte permanecer con ellos, pero luego tengo que pedir la cantidad de dinero que yo pienso que merezco y convencer a mi nuevo empleador de que eso es lo justo que valgo y no menos.

El marketing personal, o el saber venderse, es un arte que debes aprender y en mi opinión es un arte en el cual sólo se aprende echando a perder.

Uno pensaría que puedes ir a una entrevista y ser el número uno tratando de convencer a la gente de lo bueno que eres. Pero venderse para un empleo es totalmente diferente a vender un artículo. Yo alguna vez compré un auto y el vendedor me informó acerca de todas las cosas buenas sobre el auto, pero nunca dijo las cosas que andaban mal. Por ello me convenció y terminé comprándolo, sin haber marcha atrás y sin opción de devolución. Una vez que te han convencido de una compra, cuando menos en el área de automóviles, ya es tu carro y para bien o para mal debes quererlo pues es una inversión importante. Sin embargo, ¿qué pasa con el área laboral? Te sentarás en una entrevista y les dirás qué eres el mejor en hacer algo y quizás los convenzas de que lo eres. Pero el día que empiezas a trabajar no eres capaz de hacer lo que prometiste ¿Qué harás entonces? Por ello, no seas un candidato a un puesto político cuando vayas a una entrevista de trabajo; es decir, no prometas cosas que no vas a poder cumplir.

Al asistir a una entrevista para optar por un puesto de trabajo, asegúrate siempre de pedir la descripción del perfil por el que estas optando, ya que así podrás tomar nota de las cosas en las cuales tienes experiencia y en las cuales quizás tienes conocimiento, pero donde aún te falta aprender más. Créeme qué no es tan importante que sepas todo lo que se requiera para el puesto, pero es indispensable que tengas la intención de aprender lo necesario para triunfar cuando lo hayas ocupado.

Siempre busca referencias comparadas con lo que haces, lo cual no es tan difícil si estas egresando de la carrera. Pregunta a tus compañeros de generaciones anteriores cuánto es lo que están ganando y cuánto les han ofrecido, e investiga en Internet cuánto es el salario promedio del trabajo que estás solicitando. De ese promedio piensa si tu experiencia está por debajo, a la medida o más arriba y en ese momento podrás tener una idea sobre si debes pedir la cantidad de dinero promedio o una superior.

Nunca pidas menos, nunca, si tu experiencia es menor a la de alguien promedio. Ten en cuenta que rápidamente podrías aprender y estar al mismo nivel o, en el peor de los casos, siempre podrías negociar cambios del salario promedio para abajo o para arriba. No empieces vendiéndote barato porque muy pocas compañías aumentan el salario de manera rápida, aun cuando lo valgas y te hayan contratado recientemente.

En mi opinión la oportunidad de poder venderse a un determinado precio radica en dos factores principalmente:

→ 1. Reconocer tus habilidades para cierto trabajo.

→ 2. La demanda de esas habilidades en el sector laboral.

Cuando solicité ingresar a mi primer trabajo en Estados Unidos en el 2008 la economía estaba por los suelos, los precios de las casas se desplomaron en un porcentaje enorme, la gente dejó de gastar dinero y por ende muchas empresas tuvieron que cerrar o hacer recorte de personal. Ahora me doy cuenta de lo barato que me vendí en aquella ocasión para esa empresa, pero la realidad es que comparado con lo que ganaba en México y lo que me quedaba depositado en el banco, era dinero suficiente. Cabe señalar que había pensado poco en los costos de una vida en Estados Unidos.

En conclusión, me había ofrecido barato, me había vendido tan a bajo precio que mi jefe en ese entonces me comentó más adelante:

—Rafa, cuando vi tu currículo y me di cuenta de que tenías dos maestrías pensé: ¿por qué habría de contratar a alguien con tantos estudios y pagarle tan poco? Pero luego me dije: la verdad es que como está el país, no va a encontrar nada mejor en mucho tiempo.

A decir verdad ese mucho tiempo fueron tan sólo tres meses. La idea es que todos vamos a vendernos barato y caro en algunas ocasiones, por lo que aun cuando hubiera sabido venderme en ese entonces, los factores que ya he mencionado con anterioridad tuvieron mucha influencia. No importaba qué tan buenas eran mis habilidades en lo que hacía, ya que la demanda de estas habilidades no era suficiente para ese momento.

Puedo decir con orgullo que ocho años después mis habilidades han crecido enormemente y la demanda por lo que hago se ha incrementado de igual manera, lo cual me da una ventaja enorme en el trabajo al cual aspiro. Tengo todo para negociar el precio que quisiera y así lo haré y la lección es que cuando te das cuenta de los factores que influyen en los precios de los artículos inherentes, te das cuenta de que igualmente el precio por tus servicios o habilidades puede incrementarse como el mercado de valores.

La próxima vez que tengas que cambiar de empleo no te desesperes por el solo hecho de cambiar. Analiza tu entorno y determina las mejores posibilidades para tu siguiente aventura profesional, pues es totalmente válido pensar de igual manera que si ninguna de las opciones que tienes enfrente se alinean con lo que tu deseas, quizás sea hora de empezar una aventura por tu cuenta. Y cuando la inicies, no olvides que ayudar a otros a lograr lo que tú has logrado te hará siempre más grande.

El valor de LA ESCUELA

Mi peregrinar estudiantil empezó a los tres años pasando por el kindergarten, seis años de primaria, tres años de secundaria, tres años de bachillerato, cinco años de universidad, dos años de maestría en México y dos años de maestría en España, y la gran pregunta es: ¿Rafa, después de este titipuchal de años pasados en la escuela, en verdad has obtenido las herramientas para ser lo que eres ahora? ¿Se te han dado las herramientas para triunfar cómo lo estás haciendo ahora por mucho o poco que sea?

En realidad, la respuesta es no. No ha existido un momento en mi vida en que al estar haciendo algo en mi trabajo yo diga: "Qué bueno que fui a la escuela porque en estos momentos estoy utilizando estos conocimientos". Pero, por favor, no dejes la escuela ya que no es el propósito de este capítulo. ¡Y sigue leyendo por favor!

De entrada, es difícil identificar lo que se aprende en la escuela comparado a la vida real. En Estados Unidos se gastan millones de dólares en educación. No quiero entrar en detalles acerca de si la enseñanza es mejor o no, sino que quiero subrayar ante lo relativo a la experiencia única que vivirás en la universidad y la cantidad de habilidades que formes y forjes al resolver problemas.

Cuando somos chamacos, no pensamos en cómo abordaremos los problemas del trabajo. Durante cuatro o cinco años de estudio forjaremos habilidades en clases que nos presentan un problema real y obtendremos la destreza y habilidad suficiente para cada situación que se nos presente. Fuera de eso, es muy difícil encontrar circunstancias en las cuales el aprendizaje académico lleve correspondencia de uno a uno con la vida diaria.

Cuando estamos en la escuela, pasamos por situaciones difíciles y solemos maldecir a veces a los profesores, diciendo que lo que nos están enseñando no nos servirá para nada en la vida. Y muchas veces sigue pasando lo mismo en la universidad.

Entonces, ¿por qué no te sales de su clase, no dejas la escuela y te avientas al mundo laboral de una vez? ¿Por qué recriminas al maestro que está haciendo lo mejor que puede? La verdad es que no eres capaz de mandar al carajo la escuela para empezar tu propia empresa.

Se puede comparar a la universidad con el jiujitsu, en especial esas veces en las cuales durante el entrenamiento me persiguen con un bate de béisbol para golpearme y lo único que puedo hacer es usar las técnicas de defensa que me han enseñado, Porque, ¿dónde más podría tener esta clase de experiencia?

Los maestros harán difícil tu vida, ¿Para qué preocuparse? Desde que se nace se aprende a vivir de esa forma. Con todo y exámenes de admisión que te pongan en una situación donde lo único que puedas pensar sea: "Ah, maestro, ¡jijo de su mal dormir!". Recuerda que si en la universidad pasas por estas adversidades, sólo se trata de ejercicios para enfrentarse a la vida cuando te toque trabajar.

Mi segundo trabajo en Estados Unidos fue en una empresa de consultoría alemana. Este trabajo no fue el mejor que pude elegir y en una ocasión me metí en un problema del que gracias a la experiencia logré salir vivo. Nuestra tarifa por hora era de ciento cincuenta dólares, y por tal cantidad nuestro deber principal era demostrar que conocíamos nuestro trabajo a la perfección.

Durante una visita a uno de nuestros clientes, un hombre con demasiada paciencia y amabilidad, mi jefe me halagaba como si fuera un experto para el trabajo que se nos pedía.

Todo era mentira, pues si bien yo era parte de la consultoría, no tenía el talento para trabajar con la plataforma que el cliente quería que verifiquemos. Ese era el trabajo de un compañero que se quedó en nuestra ciudad de origen. Sentía la presión en todo mi cuerpo y algo de estrés por cómo mi jefe se expresaba de mí, como si con un pestañeo pudiera programar cualquier cosa. Ojalá fuera así de fácil.

No tenía idea de cómo realizar aquel trabajo y sólo un conocimiento lejano al ver a mi compañero hacerlo hacia tres meses. Para complicar más mi estrés, el cliente pedía con todo el entusiasmo del mundo, que le enseñase paso a paso mi trabajo dado que era "todo un experto".

Tuve que escribirle un mensaje en el bloc de notas a mi jefe:

—No tengo idea de cómo hacer eso.

Vaya que mi superior supo tranquilizarme con su respuesta:

—You are on your own, I have a lot of shit going on.

Donde la traducción más cercana es: "Ahí te la pelas, tengo muchos problemas. Ve cómo lo solucionas".

Una vez a cargo, para pensar muy bien en cómo salir de este desastre, que parecía una SitCom de medio día, le dije al cliente que me prepararía primero una taza de café.

Fue la taza de café que más tiempo me ha tomado preparar. Vacilé un rato y le di vueltas al asunto, mientras tenía como música de fondo la voz de mi cliente entusiasmado:

—Apúrate, Rafa, muéstrame como se hace.

No me quedó otra que regresar y ver de reojo la emoción del cliente. Estaba nervioso y gracias a unas cuantas clases de actuación en la secundaria, puse mi mejor cara y me comporté como si fuera un experto.

La proyección de lo que queremos que la gente piense de nosotros también es una gran herramienta en la solución de problemas. Y allí estaba, usando el poder de regresar en el tiempo, dándole zoom mentalmente a la pantalla del verdadero experto para que pudiera ver con claridad cómo rayos hacía su trabajo.

Tal vez fue un milagro o mi memoria resultó bastante buena. Mientras lo averiguo, sepan que recordé los pasos que mi cliente habrá pensando que realicé lento para que él pudiera aprender.

Cuando terminé la labor, recuerdo las palabras de mi aprendiz improvisado:

—Vaya, Rafa, en verdad eres todo un experto.

Al escuchar eso, me puse de pie y dije:

—Claro, ahora si me disculpas necesito ir al baño...

Literalmente me había cagado.

Quizá no uses el binomio para resolver problemas en tu etapa de fuerza laboral. Pero vivirás momentos análogos a aquellos en que tuviste que exponer y no sabías el tema o donde tuviste que presentar un examen donde no se incluyó nada del temario.

Es decir, la experiencia que obtuviste al superar las peores situaciones en la universidad te salvará el pellejo en algún momento de tu vida.

Comete fallos en la universidad, equivócate, echa a perder. La universidad es una plantilla en blanco donde puedes usar el color que se te antoje cuando se te antoje. No existen consecuencias graves, ya que te prepara para que no cometas esas equivocaciones en tu futuro trabajo.

12

Universidad A DISTANCIA

A lo largo de este libro he tratado de dar consejos acerca de cómo tomar ventaja tanto de tus propias cualidades estudiantiles como de todo aquello que en tu entorno pueda ayudarte a triunfar en el ámbito de la educación superior.

Dicho eso, quiero comentar que al emplear las mismas técnicas que describo en este libro, como lo es la constante superación y búsqueda de conocimientos, me encontré con la Universidad Abierta y a Distancia de México (UNADM).

Honestamente, fue muy grato ver que nuestro país finalmente se esté poniendo a la vanguardia en la educación en línea, y más aun que se trate de una universidad libre y abierta. Creo que esto da la oportunidad a muchísimas personas en el extranjero de obtener una ingeniería o licenciatura y quizá volver al país, algo más impactante que todos esos intentos de frenar la cantidad de personas que llegan ilegalmente a los Estados Unidos.

Al encontrarme con esta página y conocer la oferta educativa, mi primera idea fue tratar de apoyarlos como catedrático, pero rápidamente me desmotivé al ver que sólo estaban aceptando a maestros que residieran en el país.

Paso segundo fue revisar de nuevo la oferta educativa y enfocarme en el nivel de maestría. Lamentablemente, por el momento sólo existe una maestría en Enseñanza de la Historia de México y otra en Seguridad Alimentaria, ninguna de las cuales me llamó la atención. Revisé la oferta para nivel de licenciatura y me percaté de que sólo algunas estaban disponibles para los mexicanos que viven en el extranjero (a poco estuve, antes de saber esto, de inscribirme para estudiar como abogado).

Como si no hubieran sido suficientes los años ya pasados en la escuela, me apunté rápidamente para la licenciatura en Matemáticas y, ¡ay, Dios mío!, resulta que la UNADM tiene algo parecido a un examen de admisión, por lo que me dije: "Pues a aplicar todas esas cosas que has estado escribiendo en este libro, a ver si como escribes cantas". Y pasé de ser un consultor para Deloitte con dos maestrías y una ingeniería en sistemas a ser un aspirante más a una carrera universitaria.

Tal como describo los escenarios en este libro, creo no estar tan alejado de la realidad. Estuvieron ahí el examen de "admisión", el examen de conocimientos y básicamente un cuestionario que evalúa tu capacidad de reconocer patrones matemáticos, comprensión de lectura y todas las cosas que mencionamos en capítulos iniciales.

El examen estaba pronosticado para durar dos horas, así que tenía que responder en una sentada y rogar a los santos que la Internet no se me desconectara. Me tomó aproximadamente hora y media y realmente puso mi ego de ingeniero en la esquina, ya que tuve que utilizar muchas hojas de papel para trazar reglas de tres simple y resolver una que otra área de figuras.

Donde realmente se me mandó a la lona fue en la sección de español. Mi amiga Brenda hubiera dicho en esos momentos: "Por supuesto", pero la triste realidad es que muchas de las palabras rimbombantes que solía utilizar en mis poemas románticos precoces han sido olvidadas por la desgracia de no emplearlas en mi vida cotidiana por más de diez años.

En fin, hubo miles de sinónimos, antónimos, etc. Al final de la hora y media, te indican el resultado rápidamente y habiendo sido un estudiante de 10 toda mi vida, la Universidad Abierta y a Distancia me puso mi primer 73%.

Después de que mi ego se recuperó, acepte que para alguien que no tiene todo este tipo de conocimientos frescos por más de diez años fue un triunfo haber pasado con esa calificación.

Elementos y estrategias que utilicé particularmente están incluidas en este libro, por ejemplo, estar relajado al tomar el examen, en un ámbito de serenidad y sin nadie que me molestara (recuerden que era en línea y a distancia).

Acepté que las cosas que no aprendí no las iba a aprender en una noche y que los conocimientos que había olvidado vendrían por sí solos o jamás los iba a recordar. Esto me hace pensar en cuánto de lo que aprendí estoy empleando realmente en mi vida laboral.

Algunas preguntas estaban planteadas incorrectamente, o bien, la información proporcionada era errónea para las respuestas disponibles. Pero pensando ampliamente en lo que el autor de esas preguntas quiso hacer, pude deducir cuál era la respuesta correcta. También había preguntas que no logré descifrar en absoluto, por lo cual apliqué el "de tin marín...".

Cuando tienes cuatro respuestas y una es correcta, tienes 25% de probabilidad de acertar y más aún, y esto es oro molido para mis lectores: las personas que elaboran estos exámenes y estas respuestas por lo regular siempre eligen un patrón de las respuestas correctas. Es decir, si las respuestas son "A-B-C-D", da un vistazo a otras respuestas y trata de descifrar si el creador puso un patrón.

Recuerdo que cuando era profesor y estudiante siempre veía que las respuestas correctas estaban en cierto patrón secuencial; es decir, siempre era: "A" luego "D", luego "A" luego "C", etc. Analiza esto la próxima vez y lo comprobarás. En fin, la idea es que todas estas pequeñas técnicas que he tratado de compartir en este libro ayudaron a alguien con una mente no tan fresca como lo es la tuya, a aprobar un examen de admisión para la ingeniería en matemáticas. ¿No está mal, no?

Después de esta etapa de evaluación, vino una etapa más, denominada "Diagnóstico del perfil de ingreso", en la cual evaluaron mis aletargados conocimientos de física, química (que me desagrada en su totalidad, pero a la cual agradezco por ser indispensable para la elaboración de cerveza), álgebra, geometría y otras.

Para esta etapa se nos concedió cuatro horas y fue realmente entretenida para mí que me gustan las matemáticas. Fue un poco humillante haber olvidado tanto conocimiento, pero esta etapa de cuatro horas me dio la oportunidad de refrescarme en problemas que había olvidado cómo resolver. Y siendo honestos, más de tres veces utilicé mi suerte del 25% de chance de ganar. Y créanme, en las ocho horas que he invertido en esta aventura de educación en línea, me he preguntado más de una vez qué es lo que hago sometiéndome a este tipo de tortura matemática por mi propia voluntad. Pero creo que me ha ayudado muchísimo a comprender la situación en la que se encuentran actualmente muchísimos de mis compatriotas y jóvenes mexicanos. Y a pesar de estar sumamente ocupado con mi trabajo y demás actividades, pienso seguir con esta aventura y escribir sobre la misma.

Después de varias semanas más de trabajar en asignaturas sobre la Universidad a Distancia, he tenido que trabajar muchas horas durante la noche en tareas relacionadas con la creación de textos, lo cual es un poco irónico ya que me han ayudado a escribir este libro. Y aun cuando yo pensaba que ya había "quedado en la universidad", me he visto envuelto en un sinnúmero de entrenamientos enfocados a evaluar si la educación a distancia es algo que en lo cual yo podría triunfar.

Al final de las asignaturas he obtenido un promedio de 87%, nada malo para un veterano que escribe este libro tratando de ayudarte a obtener una calificación de este calibre. Pero ahora viene una etapa en la cual se explora la vida universitaria en un ambiente virtual. En este momento tengo más de 150 correos electrónicos de compañeros de la Universidad a Distancia, lo cual a mi criterio es gastar bytes de la vida cibernética respondiendo "hola y suerte" a cada correo.

A estas alturas me pregunto sobre el número de alumnos que han decidido no realizar esta ingeniería en línea por la cantidad de ejercicios y tareas que realmente no tienen relación con el tema ingenieril, pero que tienen una gran importancia para el desarrollo de una cultura virtual universitaria.

Después de varias semanas en las que me tomé unas merecidas vacaciones pensé que me habían botado de la universidad en línea, pero logré de nuevo colocarme como aspirante y estoy actualmente tratando de "aprender" lo que es la investigación cualitativa y cuantitativa.

Déjenme decirles que ha sido un reto enorme, pues en algunas ocasiones ha sido fácil y en otras ha sido tan, pero tan aburrido, que me empiezo a cuestionar por qué sigo haciéndolo.

Me pregunto qué pasara por la mente de todas esas personas que al igual que yo cuentan con un trabajo y familia. Y por si la vida no fuera ya suficientemente complicada, tengo que pasar más horas tratando de crear una investigación, empleando horas de consultas, etc. Lo único que me queda es la meta, como he mencionado anteriormente. Siempre debes tener una meta que te ayude a jalar y empujar.

En mi caso, en este momento, la meta es la creación de este libro, el poder validar que lo escrito aquí es algo que podrá ayudarte a sobrepasar la vida universitaria. Y hablando de esto, he estado haciendo una evaluación de mi profesor en línea, que en mi primera unidad me calificó con un 100%, lo cual no es difícil de obtener cuando se tiene experiencia. Se me ocurrió bajar mi nivel y ver cuál sería su reacción (cosa no tan difícil cuando busco pretextos para no trabajar tanto).

Durante mis siguientes asignaturas empecé a recibir calificaciones de 80%, pero lo que me agradó era cómo mi profesor me daba ***tips*** para mejorar mi calificación. Podía tratarse de cosas tan sencillas como agregar más referencias bibliográficas y analizar de manera más profunda el tema de investigación que estaba llevando a cabo, pero sobre todo, permitirme corregir lo que había hecho y subirlo de nuevo al portal.

En este punto me gustaría analizar el gran factor que todos tenemos como estudiantes, o más bien, la gran pregunta: ¿qué tanto es tanto? Es decir, ¿en realidad cuánto esfuerzo debería yo poner en mi calificación? A mi criterio, esta pregunta está basada en muchos factores: si eres un alumno que aún vive con sus padres, que cuenta con cierto tipo de apoyo económico suyo, ¿por qué no habrías de enfocarte en dar lo mejor de ti?

En fin, ¿por qué no siempre deberíamos enfocarnos en hacer lo mejor que podemos? ¿Tienes algo mejor que hacer en vez de esforzarte en obtener una excelente calificación? ¿Estás programando el mejor videojuego del mundo al mismo tiempo o creando tu propia empresa mientras tratas de sacar una licenciatura o ingeniería?

Bueno, en ese aspecto creo que quizá tengas una justificación. Mi amigo Melchi dejó la universidad en el área de sistemas para emprender su propia empresa, y al día de hoy, es una de las personas que más admiro en cuestiones de negocios y superación. Él aceptó que al enfocarse 100% a la escuela iba a descuidar el negocio que en su mente auguraba un futuro exitoso y no se equivocó.

Pero si no es ésta tu situación y buscas obtener un empleo en alguna empresa y tienes el apoyo de tus padres para poder estudiar, entonces, ¿por qué no dar lo mejor de ti? ¿Por qué no dejar de estar pensando en jugar League of Legends u Overwatch y dedicarle al estudio el tiempo que se merece?

Las ventajas de tener una calificación extraordinaria son inmensas. Te posicionan por ejemplo en la cima del montón de currículos que tienen que revisar las empresas donde solicites trabajo. Algunas universidades ofrecen titulación por promedio y créeme que hacer una tesis es un trabajo tan tedioso que, al momento de hacerla, hubieras agradecido ponerle un poco más de ganas al día a día en obtener un promedio alto.

Ahora bien, si por el otro lado, eres alguien que está más o menos en mi situación, donde ya tienes una familia que mantener, quizá tengas que pasar tiempo con tus hijos ayudándolos con las tareas. O quizás eres papá o mamá soltera. Quizás en estos escenarios, hacer lo mejor que podemos para aprobar sería la excepción.

No quiere decir que en cuanto veas que puedes hacerlo mejor simplemente lo hagas. Pero a su vez entiendo que habrá ocasiones en que estés durmiendo cuatro horas al día y no te puedas dar el lujo de tomar una siesta de doce horas (como lo hice yo un sábado después de un maratón de dos semanas con muy poco descanso). Creo que individualmente debemos analizar los pros y contras de nuestras necesidades y deseos de ser excelentes.

Muchos oradores que hacen dinero hablando de esto a jóvenes y adultos siempre dicen que hay que ser excelentes, que hay que dar lo mejor de uno mismo. Sus discursos son tan emotivos que al salir de la conferencia te sientes invencible, listo para ser el mejor y sacar las mejores calificaciones. Dar lo mejor de ti, ¿es necesariamente posible? ¿No es peor pensar algunas veces que puedes lograr esto o lo otro sin tomar en cuenta el entorno, y debido a ello terminar aun más frustrado, con un pobre desempeño?

Creo que todos somos capaces de alcanzar lo que nos proponemos, pero para lograrlo debemos tener un plan acorde a las herramientas, habilidades y circunstancias que nos rodean. No quiere decir que no exista manera de sobrepasar las circunstancias, sino que simplemente debemos estar preparados para sobresalir en cualquier circunstancia, en cualquier plan que nos propongamos.

13 Estancia EN EL EXTRANJERO

Estudiar fuera del país es uno de los últimos temas que trataré en este libro. En algún lugar de la introducción mencioné que tengo una maestría ejecutiva en España y que he tomado cursos en los Estados Unidos referentes a mi especialidad.

Años atrás, pensar en estudiar fuera del país parecía algo sólo para hijos de ricos o personas de nivel económico muy desahogado. Cuando enseñaba a nivel bachillerato y escribía mis títulos académicos en el pizarrón, siempre marcaba a mis alumnos un ejercicio donde me analizaran y trataran de adivinar de dónde vengo. Era triste ver que la mayoría asociaba a una persona preparada y con maestría con alguien que tenía dinero y había crecido en una posición acomodada.

Nada estaba más lejos de la realidad. Yo me crié en pobreza si no extrema, sí de aquella en la que no tienes que comer y un refrigerador sin razón de ser, de lo que puedes leer en la introducción.

Estudiar fuera del país está al alcance de aquellos que luchen por ello, aquellos que sean capaz de imaginarlo y buscar qué oportunidades existen y en dónde. La realidad es que muchos países carecen de mano de obra, por lo que factores como las residencias estudiantiles o el servicio social son razones extraordinarias para trabajar o estudiar en el extranjero.

Cuando decidí que quería estudiar una maestría en otro país, empecé la búsqueda de cuál podría ser. La primera oportunidad que vi fue en la EOI.ES, una institución sin fines de lucro que otorga becas a latinoamericanos en diferentes áreas con el propósito de aumentar el nivel educativo de toda Latinoamérica, un noble propósito en verdad.

Aspirar a este tipo de becas y ayudas no es tarea fácil, pues por lo regular siempre tienes que enviar una cantidad inmensa de papeles y presentar algún escrito donde expongas las causas por las cuales crees merecer esa beca. Pero esa cantidad de requisitos no me iba a vencer.

Después de cumplir con todo lo que se me pedía, esperé las respectivas respuestas, pero desafortunadamente no fui aceptado en ninguna de las maestrías a las que había enviado mis solicitudes. Esos son los momentos de derrota en que uno dice: ¿para qué exponerme a este tipo de sinsabores?

Pero en lugar de sentirme derrotado busqué una opción más. La segunda era el Tecnológico de Monterrey y, aunque no era una opción fuera del país, el prestigio que esta institución educativa posee en el mundo es de reconocerse.

En muchas búsquedas de trabajo en Estados Unidos en que he tenido que llenar formatos en línea, en el campo relativo a la universidad donde cursaste determinados estudios el Tecnológico de Monterrey siempre aparece como una opción.

Un 14 de febrero del 2004 ó 2005 presenté el examen de admisión para nivel de maestría. Por el resultado sobresaliente en el examen entraba yo a una categoría donde era posible ser partícipe a becas y estudios pagados, lo cual me emocionó mucho. Ya estaba listo para irme a Monterrey a vivir la nueva experiencia.

Recuerdo que una mañana llegué a la oficina y fui a ver a mi jefe, para presentarle mis resultados y decirle:

—Me voy. De acuerdo a estos resultados voy a hacer más dinero estudiando que trabajando aquí.

A lo cual sonrió como siempre y me dijo:

—No te vayas. Espera a mañana y hablaremos. Te haré una oferta para que te quedes.

Me intrigaba lo que me habría de ofrecer, considerando que tenía yo unos 25 años de edad para ese entonces.

Al respecto, una de mis recomendaciones es cursar una maestría con al menos dos años de experiencia en la rama en la que te desempeñas, pues no hay nada más detestable que compañeros en maestría que no tienen experiencia alguna y no captan el sentido de lo que se enseña. Si tienes al menos dos años de experiencia, lo que se te enseña en la maestría adquiere más sentido, sobre todo porque empiezas a analizar la manera de aplicar los nuevos conocimientos a aquello que efectúas en el trabajo.

En fin, si te das cuenta, debido a que seguí luchando después del fracaso de no alcanzar mis primeras opciones de maestría, las cosas empezaron por sí solas a seguir caminos de triunfo. Al fallar en mi entrada a la EOI, me decidí por el Tec de Monterrey y al ser aceptado mi jefe decidió hacerme otra oferta para que permaneciera en la empresa.

Sin embargo, las posibilidades de que me hiciera esa oferta sin contar con el valor profesional de mi trabajo pudieron ser diferentes. La balanza estaba a mi favor en esos momentos y fuese cual fuese la oferta que él tuviera yo siempre podría ir al Tec de Monterrey. Y, bueno, como muchos querrán saber acerca de la oferta, seguiré con esa pequeña historia.

A menudo recuerdo todo esto porque las decisiones que tomé en aquellos momentos, para bien o para mal, me han llevado a donde estoy ahora. Pero al mismo tiempo, creo en el destino y pienso que de una u otra forma siempre llegas a donde debes estar, al menos espiritualmente hablando.

Al día siguiente mi jefe me llamó a su oficina y me explicó en el pizarrón que deseaba cambiar el esquema y estructura de su empresa. En ese momento contaba con un gerente administrativo y un gerente comercial y quería modificar la estructura para tener un gerente de ventas, un gerente de operaciones y uno de finanzas.

—Quisiera que tú fueras mi gerente de operaciones. Tu salario será cuatro veces mayor al actual, tendrás automóvil de la empresa y con tu nuevo salario puedes pagarte una maestría aquí en la ciudad.

Cuando tienes veinticinco años y te ofrecen algo como aquello, uno rápidamente dice sí. Pero siempre que alguien te haga una propuesta, piensa que esa persona está negociando y un negociador siempre empieza con la oferta más baja. Es rara la persona que viene y te ofrece algo y desde el principio ya te está dando lo mejor que tiene. ¿O acaso cuando tienes una novia, al segundo día le das las llaves del auto y de la casa?

En fin, mi jefe es un hombre de negocios forjado de manera natural y que a temprana edad ya tenía un pequeño emporio. Al escuchar la oferta me recliné en la silla y dije:

—Mmm, suena interesante.

Él se rió como siempre, pues sabía que no iba a dar mi brazo a torcer tan fácilmente. Cuando empecé a trabajar con él le dije que aceptaba el salario que me ofrecía siempre y cuando a los tres meses evaluara mi desempeño, y si éste era mayor a lo que él esperaba de mí, que me aumentara el salario o me pagara lo que yo había pedido inicialmente. Sin embargo, estábamos teniendo esta conversación seis meses después y yo seguía con el mismo salario.

Yo sabía en ese momento que si quería algo, tenía que ser en ese momento. Cuando uno acepta una oferta tiene que aceptarla realmente, pues no puedes decir que sí a un trabajo y a las dos semanas dejar de dar lo mejor de ti mismo por pensar que no te están pagando lo suficiente. ¿Acaso no fuiste tú quien escogió ese trabajo y aceptó ese salario desde un principio? En fin, yo seguía ahí reclinado en la silla, pensando: "No hay nada peor que hacer negocios rápidamente. Siempre que vayas a tomar una decisión importante tomate tu tiempo".

Cuando he comprado autos nuevos aquí en Estados Unidos, siempre he llegado con el vendedor diciéndole: "Hoy no voy a comprar nada, tampoco mañana. Sólo estoy aquí para ver el auto, manejarlo y saber qué precios tienes". Te sorprenderá la diferencia en precios si no tomas una decisión el mismo día. Cuando estamos emocionados por algo como un auto, a veces vemos brillar cosas que realmente no son tan brillantes y nos engaña el deseo de adquirirlo de inmediato.

Cuando negocies, hazlo como si realmente no quisieras la cosa. En cuanto a autos siempre he logrado salir con descuentos grandes. Uno pensaría que dos mil o tres mil dólares menos en un auto no es tanto cuando se trata de sumas grandes de dinero, pero con esas cantidades puedes ir y venir de China y pasarla bien.

Volviendo al tema de la junta con mi jefe, por fin le pregunté:

—¿Qué te parece si, obviamente, me subes el sueldo y me das carro, pero además me pagas la maestría donde yo quiera estudiarla y me proporcionas un celular pagado por la empresa?

Era inaudito trabajar para una empresa de telefonía celular y tener que pagar por mi propia línea. Como siempre se rió y contestó:

—Te pago la mitad de la maestría.

Repliqué:

—Toda la maestría—, lo cual dio por concluidas las negociaciones.

Toma en cuenta que para algunos empleadores es más barato darte cosas que subirte el sueldo. Por ejemplo, el pago por capacitación de personal en algunos casos es deducible de impuestos. Debido a ello, en algunas ocasiones será más conveniente que negocies basándote en obtener algún tipo de título o certificación.

Después de la historia que surgió sobre empezar a buscar estudios en el extranjero, es grato decir que a la semana de haber concluido mi primera maestría, totalmente pagada por mi jefe, recibí una llamada a la una de la madrugada. Mi madre vino a mi cuarto (sí, todavía vivía con mi madre a los 26 años, pero era más conveniente para ayudarla a ella y no tanto para que ella me ayudara a mí). Había yo olvidado que, de nuevo, hacía unos meses había intentado ingresar a la maestría en España.

Dado que en un intento previo ya había llenado formularios y enviado cartas acerca de por qué merecía ser becado, sólo tenía que reenviarlo todo. Para mí fortuna, cuando menos lo esperaba, debido a que acababa de culminar mis estudios de maestría, la llamada era para ofrecerme una beca para entrar a la Maestría Ejecutiva en Administración de Empresas Tecnológicas e Industriales.

Acepté de inmediato y la persona en el teléfono me informó que tenía yo una semana para enviar la tercera parte del costo total de la maestría, lo cual ascendía a 2300 euros aproximadamente. Ahorrar nunca ha sido lo mío y por eso no leerás en este libro sobre cómo ahorrar dinero. Por el contrario, crecí en la pobreza y siempre he confiado y sabido generar dinero, al igual que en saber gastarlo y disfrutar la vida sin vivir con deudas.

Pero a lo que voy es que no tenía guardado esa cantidad, lo cual en ese entonces equivalía a unos 38 mil pesos mexicanos. Me enfureció pensar que podría estar ganando mucho más dinero en otra empresa y tendría así la capacidad de pagar lo que me solicitaban.

Los estudios post-universitarios son caros, sobre todo aquí en Estados Unidos, pero 2300 euros por una maestría en España, lo cual incluía un mes de estancia en San Fernando de Cádiz, todas las comidas incluidas y el boleto de avión desde la Ciudad de México, además de poder cursar la totalidad de las materias, era una oportunidad inmensa. Y te diré por qué, luego que termine de explicar cómo conseguí el dinero.

Esa mañana fui a la oficina de mi jefe y le dije:

—Renuncio.

Y como siempre, sonrió y me preguntó:

—¿Y ahora por qué?

—Porque me gané esta beca en España y no tengo 2300 euros para pagarla.

Le expliqué en qué consistía, cuál era el costo y el hecho de que debía estar allá un mes completo. Y su respuesta fue:

—Va a estar difícil...

Lo interrumpí y le pregunté:

—¿Por el dinero?

—No, sino por el hecho de que no estés aquí un mes. En cuanto al dinero no te preocupes, yo te lo doy.

Y es ahí donde termina la historia de cómo al haber escogido bien un primer trabajo, haber sobresalido y dar siempre más de lo que tenía que dar, después de cinco años dejaba de trabajar ahí con dos maestrías pagadas por la empresa. Y quizás ahora pensarán que pude haber obtenido más en cualquier otro lugar, pero la verdad es que cuando eres alguien que creció con poca visión y proveniente de familias trabajadoras, sin haber tenido la oportunidad de leer un libro como el presente, me siento muy feliz del resultado.

Después de haber enviado el dinero y estar completamente inscrito en esta nueva maestría, que era mayormente en línea, llegó la primera noche en la que me conectaba a la plataforma. A diferencia de la UNADL, no tuve que pasar un mes completo aprendiendo a usar una plataforma en línea. Aunque la verdad creía que la UNADL hacía lo correcto al tener muchos alumnos de nivel bachillerato, honestamente mis expectativas eran muy bajas o nulas.

Estaba emocionado de cursar un posgrado en otro país más que nada. En la maestría previa mi compadre Alex y yo habíamos tenido que ir a hablar con el director del posgrado para solicitarle que el nivel educativo subiera. Es triste el hecho de muchas escuelas privadas bajen tanto el nivel educativo al grado de que los alumnos sólo asistan a la maestría por el título y no por la enseñanza.

Afortunadamente, el director de la escuela estuvo de acuerdo con nosotros y a partir de ese momento los maestros realmente se pusieron las pilas e hicieron valer los 4 mil ó 5 mil pesos que pagábamos al mes.

Regresando a mi primer día de clases, recuerdo que me encontraba en mi pequeña habitación en el glorioso y majestuoso Médano del Perro en Veracruz. Mi silla estaba completamente hecha de madera, totalmente eludible a la palabra ergonomía. Cuando al fin logré conectarme a la plataforma y leer lo que mi primer catedrático había escrito, sentí que me iba de espaldas.

Pronto aprendí que la calidad de la educación en comparación a todo lo que había aprendido anteriormente era muy superior. Mis profesores eran expertos en la industria y mayormente empresarios con billeteras gordas que han decidido enseñar a nivel de maestría ¡por el placer de hacerlo! Vaya cosa tan tremenda que es y la diferencia que hace en la educación.

Mi profesor había escrito un párrafo completo sobre lo que esperaba de cada uno de nosotros. Tristemente, yo era el único mexicano y él hablaba del triunfo de Cemex en el mundo y me pedía que en futuras referencias yo mencionara a esa empresa por ser de mi país. Terminó su párrafo citando tres libros diferentes sobre globalización y asignó tarea a todos. A este punto, yo no sólo estaba conmocionado con el nivel de conocimiento del profesor, sino también porque además algunos de mis compañeros de maestría habían expresado respuestas a las preguntas y asignaturas del maestro con tanta experiencia e intelectualidad que jamás me había sentido como el más tonto del salón. En ese momento todo el ego que acarreaba desde la primaria se fue por la borda: era tiempo de reinventarme.

Al descubrir que después de una carrera de ingeniería y una maestría en México, lo que yo sabía era nada comparado con lo que sabían mis compañeros de maestría, empecé a solicitar libros por Internet, busqué referencias sobre cada tema que habían mencionado y traté de responder con un poco de conocimiento sobre lo que se estaba hablando. Para ser honestos, esta maestría contenía sólo el 20% sobre tecnología y era administrativa en su mayor parte, lo cual era mi meta, es decir, ser un mejor gerente. Para esa época, desafortunadamente, en México ganaba más aquel que era tu jefe y no hacía gran cosa, que tú que hacías todo el trabajo. Era tiempo de "hacer lo que vieres" y, honestamente, este posgrado en España fue una de las experiencias profesionales más satisfactorias de mi vida.

Después de haber sido el peor estudiante (a mi criterio) al principio, terminé en tercer lugar de nueve, abatido por un argentino con muchos años de experiencia y un colombiano sumamente inteligente, que actualmente trabaja para Accenture, después de dejar Microsoft.

La globalización es toda una realidad, algo que los niños milenio no distinguen. Por ello poner tus ojos en una educación fuera del país te traerá muchas ventajas sobre todos los demás competidores tanto de la escuela como en la vida profesional.

Haber estudiado en otro país me enseñó mucho de lo que he utilizado actualmente al vivir y trabajar en Estados Unidos por más de diez años. Existen muchísimas oportunidades ahí afuera. Investiga en tu misma universidad, ya que muchas veces ofrecen intercambios culturales, Conacyt también otorga becas y la condición es que tienes que regresar a México después de tus estudios. Muchas universidades extranjeras otorgan becas a estudiantes de otros países. Nunca sabes: quizá eso que quieres estudiar tenga alta demanda en otros países. Así que como he dicho en otros capítulos, no tienes nada que perder.

14

Los súper poderes DE LATINOAMÉRICA

Como mexicanos tenemos muchas desventajas y a veces defectos por formar parte de una cultura donde siempre buscamos un pretexto para justificar nuestros fracasos. En realidad, ¿es esto una desventaja?

Como ya he mencionado en la introducción, un hecho que influyó decisivamente en mi vida fue cuando tenía seis años, pocos días después de que mi padre biológico se había ido de la casa a "buscar un futuro mejor para todos", abrí el refrigerador de mi casa y no había nada que comer, nada. Bueno, no debo ser mal agradecido, porque había dos tortillas viejas y un pequeño bote de mayonesa McCormick, con la cual prepare una tortilla con mayonesa.

Este tipo de escenarios da pie a que muchos norteamericanos sientan lástima por nosotros. Mucha gente en Estados Unidos proclama que vivió en la pobreza en su infancia, pero siempre los corrijo: "Dirás más bien que fuiste pobre en Estados Unidos". En mis mas de diez años de vivir en este país he escuchado repetidas historias de adultos norteamericanos que de niños sufrían porque sus papás los hacían comer bistec de hígado, cuando para mí esa fue la primera comida digna que tuve después de ese incidente del refrigerador vacío.

Pero luego de pasar por esa situación, mi mente pudo haber tomado muchos caminos u opciones de pensamiento, sobre todo sentirme mal o hacer algo negativo. No obstante, lo primero que hice fue pensar:

—¿Por qué tenemos un refrigerador, si no tenemos nada que guardar en él?

Algo muy importante que debes aprender son tus prioridades, tan básicas como el hecho de tener un refrigerador cuando no tienes nada que ponerle dentro. ¿Por qué pensar en comprarte un Iphone cuando no tienes dinero para una computadora o alguna otra herramienta de trabajo que te ayude a mejorar en tu escuela? ¿O por qué comprar una computadora de 20 mil pesos cuando no es algo que realmente puedas mantener o que necesites? ¿Por qué comprar un auto, cuando no tienes dinero para ponerle gasolina o repararlo cuando se requiera?

En fin, no intento en este capítulo decirte qué cosas comprar o no. Yo mismo cometí el error de comprar en alguna ocasión una computadora de 25 mil pesos pensando que iba a poder quemar devedés y venderlos (ello es completamente ilegal ¡y no lo hice!). Créanme, esa fue una de las peores compras que he realizado en mi vida.

En fin, algo que te distingue a ti a diferencia del resto de los profesionales en el mundo es tu capacidad de hacer más con menos.

Muchas veces vemos estudios en los cuales los alumnos de México y Latinoamérica tienen un mejor rendimiento académico que los de Estados Unidos. ¿Y por qué ocurre?

Cuando llegué a este país me di cuenta de la cantidad de herramientas que los estudiantes tienen a su disposición para triunfar y de las cuales carecemos en México. Por ejemplo las bibliotecas están abiertas las 24 horas del día para que puedas investigar y estudiar. Los talleres donde hacen sus prácticas ya sea de Química o Computación están equipados con tecnología de vanguardia.

Recuerdo que en mis etapas universitarias teníamos a los sindicatos peleando por traernos siempre cosas mejores, pero estas deficiencias y carencias nos dan unas ventajas enormes. Te daré unos ejemplos.

En el área de tecnología y consultoría he visto a menudo la "actitud de la diva", la cual me mencionó por primera vez el Sr. Enrique Gudino, un empresario de la ciudad de Veracruz que alguna vez me pidió ayuda para encontrar un empleado: "No quiero una diva, Rafa. Quiero alguien que resuelva el problema cualquiera que éste sea". Y hago hincapié en que esta cualidad de resolver problemas es la que me ha ayudado a triunfar en Norteamérica.

En mi primer trabajo como consultor, la empresa alemana para la cual trabajaba invirtió escasamente en adiestramiento y, al final de un año, yo era el único diestro en el sistema que ellos vendían. Esto se debió a que yo no estaba acostumbrado a esperar que me enseñaran a hacer algo, sino que me había comprometido a mí mismo a tener una meta y alcanzarla a pesar de todo. Después de un año, me hice gerente de la sucursal en los Estados Unidos y no sólo eso. En cambio, mucha de la gente que inicialmente se había contratado no quería o no era capaz de ayudar en otras áreas que la empresa necesitaba si se trataba de algo distinto de aquello para lo cual habían sido contratados.

Esto es algo muy común en Estados Unidos, ya que el norteamericano está acostumbrado a que su trabajo esté bien delineado y establecido en cuanto a funciones. Y aunque al principio me pareció que ello ayudaría a que ellos hicieran un mejor trabajo, creo que mayormente se ha traducido en que no cumplan la meta por la cual fueron contratados.

Como mexicano, has sido formado con carencias. Eres de ese tipo de trabajador que sin importar las circunstancias tratarás de resolver el problema con los recursos que tienes. Esto se asemeja a lo que han hecho por muchos años los hindúes, a quienes Estados Unidos y otros países han sabido aprovechar. Los hindúes son ejemplo de lo que nosotros hacemos: les das un problema y ellos no saben cómo lo resolverán, pero terminan resolviéndolo. También son una obra de mano barata, como la China del software. ¿Pero por qué no podemos nosotros los mexicanos tomar ese lugar? Y no sólo tomarlo como una mano de obra más barata, sino al mismo tiempo igual y mayormente eficaz.

¿Por qué nos damos por vencidos y ponemos tantos pretextos para nuestros triunfos? Cuando llegué a Estados Unidos muchos familiares de mi ex esposa preguntaban en qué restaurante estaba lavando trastes. Créanme que no tengo nada en contra de eso; si en tierras norteamericanas había que empezar desde abajo y ese abajo se traducía en lavar platos, lo iba yo a hacer; ¿Pero por qué mantener ese prejuicio inquebrantable de que la mayoría de los mexicanos vinimos a los Estados Unidos con el propósito de ejercer todos esos trabajos manuales y agotadores que el norteamericano promedio no quiere hacer? ¿Cuándo vamos a empezar a darnos "nuestro taco"? Pero no sólo darnos nuestro taco, sino también darles una probada de "de esta carne si me echo una torta".

Empezar en el área de tecnología no fue cosa fácil. Cuando me presentaba a las entrevistas lo primero que me preguntaban era si contaba con una tarjeta verde o de residencia y no preguntaban si tenía capacidad o no. Qué tal si no estaba ahí legalmente, pero era yo la octava maravilla en el área de sistemas. A ellos no les importaba de hecho y he escuchado a mis compañeros mexicanos del área de sistemas llamarnos "unicornios", pues en Estados Unidos es muy raro ver mexicanos en el área de consultoría de sistemas.

Cuando te encuentres en una situación de competencia donde estés rivalizando otros candidatos y profesionales de distintas partes del mundo, no dudes, no temas y éntrale al toro por los cuernos.

No importa en qué universidad modesta te encuentres estudiando, no importa si con los que compites vengan de universidades muy prestigiosas. Compite, metete, échale ganas, que la diferencia entre tú y ellos puede ser a tu favor. Nunca hay nada que perder. Si lo intentas y fracasas siempre existe un aprendizaje y entre más veces falles, más experiencia adquieres y mayores son las posibilidades de que pronto la hagas en grande.

En mis primeros dos trabajos en los Estados Unidos contrataron también a dos personas para hacer el mismo trabajo que yo desempeñaría. En el primero, allá por el 2008, me contrataron como técnico de DVR, que básicamente consistía en echar a andar una computadora con muchas cámaras conectadas a ella. Al mismo tiempo, contrataron a otro fulano para la misma posición. Mi superior me lo advirtió diciéndome:

—Mi jefe no cree que tú vayas a dar el ancho, así que contratará a los dos. El mejor es el que se quedará con el trabajo.

Esto en lugar de ofenderme me puso atento al reto, pues, como dije antes, jamás hay que darse por vencido.

Yo le dije: "Claro, con gusto". Y si tienes el gusto de saber un poco más sobre cuál era la situación económica de los Estados Unidos en el 2008, las empresas se podían dar el lujo de lo que quisieran. Las que contaban con mucho capital podían contratar a las personas que quisieran y al mismo tiempo despedirlas, algo que estaba ocurriendo en esta empresa cuando recién empecé. Sin embargo, en una semana ya había aprendido todo lo que debía hacer.

La persona que competiría conmigo empezaría a trabajar dos semanas después. En estas dos semanas yo hice todo lo que pude para posicionarme como la persona que iba a conseguir el empleo.

Después de una semana de aprender lo que tenía que hacer, terminaba mi trabajo en los primeros días de la semana y en los demás no hacía nada y me dedicaba a platicar con los demás empleados. En esas charlas me di cuenta de que tenían un sistema de control de clientes en el cual yo tenía experiencia. Para usarlo tenían que conectarse remotamente a Canadá, lo cual hacía el proceso sumamente lento. Pero cuando me percaté de que la empresa contaba con la infraestructura tecnológica para poder hacer todo dentro de la misma e incluso más ágilmente, le pregunté a mi jefe por qué no lo hacían.

Él me respondió que porque era sumamente caro contratar a un consultor que lo hiciera. A ello le comenté que con gusto me encargaría de configurar todo para que ellos pudieran trabajar localmente. Sorprendido, tuvo que pedir permiso a la matriz en Canadá. El CEO (rango más alto en una empresa) le contestó: "Lo peor que puede pasar es que tengas que restaurar los servidores (computadoras de gran poder) a su forma original, así que deja que lo intente".

En menos de una semana había yo logrado configurar este programa a fin de que la empresa trabajara de manera más eficiente y había ayudado a crear reportes que hicieron sus vidas más fáciles.

El CEO me llamó de Canadá para felicitarme y agradecerme. Cuando la segunda persona que habían contratado para hacer mi mismo trabajo se presentó, yo ya me había ganado la confianza de mis compañeros. Y aun cuando mi competencia no era realmente mi enemigo, le dije: "Uno de nosotros va a tener que irse pronto". Sin embargo, afortunadamente obtuve una oferta de trabajo en una empresa alemana poco tiempo después, haciendo las cosas más fáciles para ambos en cuanto a quién tenía que irse.

Cuando se busca un empleado recuerda que las recomendaciones van de la mano con la decisión del reclutador. Conforme a ello, pude acobardarme y pensar que la otra persona sabía más que yo, que la otra persona iba a venir a quitarme de donde estaba.

Pero como dije antes: ¿Por qué darme por vencido? Préndete bien esto en la cabeza (como decía mi madre): jamás te des por vencido. Como tituló el dramaturgo español Alejandro Casona una de sus obras teatrales: "Los árboles mueren de pie".

15 Softskills

El 2018 ha sido un año intenso para mí: cinco países visitados, siete ciudades de los Estados Unidos, empezar una nueva empresa, ¡presentarme en la reunión de IT (empresas de desarrollo de software) más grande del mundo. ¡Uf!, pero la realidad es que lo más interesante de mi 2018 ha sido la oportunidad de acercarme a cientos de alumnos de la Facultad de Matemáticas de la Universidad Autónoma de Yucatán.

Todo empezó cuando el Dr. Edgar Cambranes me invitó a platicar con los chicos de la universidad sobre las ***softskills*** (y claro que esto no hubiera sido posible sin la ayuda del super @misterfulanito), lo cual hice no sin antes agregar un poco de información sobre mi CRM (***Customer Relationship Management***, una herramienta para gestión de relaciones con clientes) favorito: "Salesforce".

Después de tres pláticas que he impartido acerca de las ***softskills***, los alumnos están reconociendo su importancia y por ello me atrevo a agregar este capítulo.

A lo largo de este libro mi mayor deseo ha sido que hayas adquirido algunos de los conocimientos y habilidades que describo para sobresalir en varias situaciones de tu vida como joven adulto. Muchas de estas aptitudes representan ***habilidades interpersonales*** o como dicen acá en Gringolandia: ***softskills***.

Las ***softskills*** son aquellas habilidades, virtudes, modos y aptitudes que no se enseñan directamente como ocurre con la Historia o las Matemáticas, pero que se van adquiriendo en base a la experiencia y la observación y se moldean en base a la personalidad.

Deja te pongo un ejemplo: durante uno de mis empleos como gerente tuve la oportunidad de entrevistar a un chico brillante, excelente tecnólogo con título de ingeniero, maestría, doctorado y varias patentes, una de ellas de un algoritmo para la detección de cáncer. Pero conforme evolucionó la entrevista, se hizo obvio que su capacidad para trabajar en equipo era limitada; era muy bueno trabajando de manera individual pero debido a su intelecto le era sumamente difícil trabajar con gente que no pudiera seguirle el paso.

La capacidad para trabajar en equipo es una ***softskill***. Uno tiende a pensar que ser un chico de 10 (ó de 100, según cómo te califiquen en la escuela) te abrirá todas las puertas y la verdad es que esto no es necesariamente cierto, ya que en la actualidad las empresas no sólo se fijan en las calificaciones sino también en aquellas habilidades que te ayudarán a sobresalir en tu carrera profesional dependiendo de su giro y cultura obviamente.

A pesar de que generalmente estoy muy ocupado, siempre trato de invertir un poco de tiempo en lo que para mí es lo que cambia a los países: la Educación y por eso trato de ayudar como mentor en la medida en que me es posible.

En una ocasión me tocó apoyar a un chico universitario que iba a ser entrevistado para trabajar como programador en Facebook. Uno de mis contactos lo recomendó y me pidió el favor de que lo ayudara a prepararlo con algunos consejos para su entrevista en inglés, pero lo que yo le ofrecí fue hacerle una entrevista real y al final darle retroalimentación. El día de la entrevista lo llevé por varios temas, desde los técnicos hasta el hacerle preguntas incómodas tratando de desarmarlo como persona y conocerlo realmente como era.

Durante la retroalimentación le comente que él era tecnológicamente muy bueno, pero muy cerrado para expresarse personalmente. También lo felicité al saber moverse entre preguntas que no fueron necesariamente, como dicen en Estados Unidos, "políticamente correctas". Le recomendé que fuera honesto durante su entrevista en San Francisco y que fuera él mismo, auténtico en todo momento, que tratara de conectar con el entrevistador y soltarse en lugar de ser rígido y concentrarse solamente en resolver problemas técnicos.

Le dije que lo estarían evaluando mayormente en su persona y no en lo que sabía técnicamente. Fácilmente pueden encontrarse personas tecnológicamente buenas, pero personas que encajen en una cultura determinada es lo difícil.

Después de su entrevista hablamos y me comentó que lo habían hecho resolver problemas de programación durante la entrevista, tal como yo lo había hecho durante mi entrevista ficticia, y que estaba satisfecho con lo que había hecho. Después de la entrevista técnica tenía que esperar para ser entrevistado por un gerente y cuando éste llegó le dijo: "Vamos por un café antes de la entrevista". Caminaron juntos por el campus de Facebook hablando de cosas nada relacionadas con el trabajo, sino más bien de cosas personales, y cuando al fin regresaron al aula de las entrevistas el gerente le dijo: "Bueno, muchas gracias. Fue un placer conocerte", ante lo cual preguntó: "¿No me iba usted a entrevistar?". El gerente respondió: "Ya lo he hecho".

Durante mi faceta como gerente entrevisté a muchísimas personas y sólo contraté a muy pocas. De todas esas personas, las habilidades que me hicieron seleccionar a esa persona fueron 90% más interpersonales que técnicas. La realidad es que en este mundo cambiante el conocimiento se adquiere y evoluciona y muy pocas carreras en la actualidad dependen de un conocimiento estancado. Por el contrario, todo cambia y son las ***soft skills*** lo que hacen a una persona estar preparado y ser capaz de existir en un mundo tan cambiante.

Existen habilidades fundamentales para cada carrera y mientras estés en la universidad o si ya egresaste, debes identificar esas habilidades básicas que te harán ser uno de los candidatos estelares en una entrevista. Por ejemplo, cuando entrevistaba a personas técnicas siempre trataba de identificar una de las siguientes cualidades.

Sangre de ingeniero

Me encantaría que estuvieras leyendo esta parte antes de entrar a la universidad, especialmente si aspiras al área de ingeniería. Pero, como he dicho anteriormente, siempre es bueno darse cuenta de algo sin importar cuándo ocurre.

Cuando me tocaba entrevistar a personas para el área de desarrollo de software, arquitectura, gerencia y calidad, me enfocaba a descifrar si una persona lleva en sus venas lo que es un ingeniero. Como quizás te han dicho, un ingeniero es aquella persona con ingenio, que se ingenia cosas y yo siempre me pregunto ¿qué se preguntan los ingenieros que quieren trabajar para mí? ¿Son mis candidatos naturalmente curiosos en la vida? ¿Se preguntan cómo es que funciona un inodoro? ¿Por qué el agua gira hacia un lado todo el tiempo y no hacia el otro?

Un ingeniero que no se cuestiona el porqué o cómo de las cosas está condenado a ser una persona que aprendió un solo oficio y sólo hará eso. He visto varios candidatos que aprendieron un lenguaje de programación y jamás cambiarán a otro; he visto personas que han dejado sus trabajos porque no han podido ser capaces de aprender algo nuevo. Es verdad que habrá trabajos en los cuales te hagan hacer lo mismo por diez años, trabajos donde quizá no tengas que aprender algo nuevo; pero a menos que eso te haga feliz, debes tener esa curiosidad natural y si no la tienes, es hora de empezar cuando menos a preguntarte cómo funciona el mundo.

Aventurero

Cuando hablo de aventurero no me refiero a la canción del clásico Pedro Fernández, si es que aún lo recuerdan las nuevas generaciones. A lo que me refiero es a esa persona a la que le gusta explorar y conocer lugares, pero particularmente que tienen la habilidad de prepararse para la aventura.

Imagina que vas a visitar todos los cenotes de Homún, Yucatán. Empecemos con pensar qué llevaras puesto. ¿Será indicado ir en botas vaqueras y pantalones de mezclilla? ¿Llevarás algo de comer o comerás allá? ¿Necesitas llevar una botella de agua? ¿Iras solo o con amigos? ¿Cuántas personas caben en el auto? ¿Rentarán motocicletas para ir a todos los cenotes o se aventurarán en el auto que llevan? Si, lo sé, la aventura a veces sabe mejor sin planear, pero ¿qué tal cuando se refiere a un trabajo? Cuando vas a realizar un proyecto, ¿cuánto tiempo pasas planeando? ¿O eres de los que brincan de inmediato a crear?

Durante muchas entrevistas esta será una de las ***softskills*** que validan las empresas reconocidas y deberás pensar en tu puesto y el nivel de preparación que deberás tener para cada actividad encomendada. Es decir, la cantidad de exploración y preparación que tiene que hacer un abogado o un medico en un determinado caso no es la misma que la que requiere hacer un programador. Todo es relativo respecto a la actividad y deberás poder hablar acerca de tu experiencia realizando proyectos similares y dando importancia al balance que decides tener entre el nivel de exploración y preparación contra el tiempo de ejecución.

Pongo un ejemplo de mi experiencia: siempre he tenido programadores que van de un lado a otro del espectro, es decir, programadores a los que les das una actividad y rápido te preparan un POC (proof of concept) o producto final; sin embargo, pronto te das cuenta de que por hacerlo rápido la calidad de su producto final es mala. Por otro lado, hay programadores que tardan una semana analizando lo que tienen que hacer y al final nunca entregan nada porque se dedicaron a pensar cómo hacerlo, bajo el pretexto de no querer hacer un mal trabajo.

Una de las mejores habilidades que tendrás que forjar es la capacidad de obtener un balance entre preparación y ejecución. Cuando tienes algo que hacer habrás de prepararte lo más que puedas, pero tampoco con exageración. ¡Hay personas que pasan la vida preparándose para hacer algo y jamás lo logran! Hablaremos del ***Over Engineering*** pronto, pero no está mal preguntar a la persona que te encomienda el proyecto o tarea cuáles son los puntos importantes a entender antes de hacerlo. Es decir, de lo que tengo que hacer, qué me recomiendas que lea o investigue antes y qué cosas aprenderé de una u otra manera mientras creo esa actividad.

O sea, cuánta gasolina y qué tipo de vehículo necesito para llegar a la zona de cenotes. Esto es más importante de saber antes de ir que el saber qué tipo de cenote quiero visitar, ya que esto último es al fin y al cabo parte de la aventura.

Sé que todo esto es difícil de masticar, pero el punto importante aquí es siempre hacer preguntas. ¡De ahí en adelante todo consistirá en poner atención a tus errores y victorias en el balance que proyectaste para tu actividad! ¡Aprende de tus errores!

POC'er

Una de las cosas que busco en una persona cuando la entrevisto es su capacidad para generar resultados rápidamente. Sé que anteriormente he dicho que es malo prepararse demasiado, pero igualmente es malo no prepararse lo suficiente. Cuando se habla de una POC (Proof of Concept) me refiero a aquella habilidad que tiene esa persona de crear algo rápido. Fallar y volver a intentarlo dentro de los tiempos establecidos es la técnica denominada ***fail fast***. En los tiempos que vivimos de avances tan rápidos e innovación, las empresas están tratando de innovar pero no pueden perder tanto tiempo pensando en cómo hacerlo, por lo que les es indispensable contratar a personas que rápidamente puedan hacer un prototipo de algo. Con todos los trabajos de ingeniería esta habilidad se ha vuelto crucial y es un pilar que un individuo debe tener. Tú como persona debes empezar a entrenarte en tu habilidad de generar valor rápidamente y es aquí donde la escuela viene a ser un lugar genial para lograrlo. ¿Cuánto tiempo te has tardado en terminar ese proyecto o mini-proyecto que el maestro te ha encargado? ¿Cuántos proyectos más puedes realizar por tu cuenta respecto a ideas que has tenido? Cuando te sientas en una entrevista, ¿cuántos ejemplos puedes darle a tu entrevistador de cosas que hayas creado rápidamente sin necesidad de haber tenido que tomar un curso de seis meses?

De acuerdo, retrocedamos un poco, porque acabo de releer lo que escribí y la voz de mi esposa viene a mi mente diciéndome que no todos son como yo y que no es fácil para todos aprender algo rápidamente. La realidad es que pienso que hay muchísimas personas mejores que yo, y como gerente es mi meta que todos mis subordinados siempre sean mejores que yo.

Durante mi carrera he trabajado con personas que aprenden cosas muy rápido y otros a los que les toma mucho tiempo; o bien, personas que necesitan ir a un entrenamiento de varias semanas para aprender algo. Esto se debe a varias razones ya que todos vivimos en circunstancias diferentes y no todos somos tan afortunados de encontrar eso que se nos hace fácil de efectuar y dedicarnos a hacerlo. ¿Y sabes qué? Está bien, no hay problema por ello.

Aquí te va otro secreto de empresas exitosas: la realidad es que aunque con frecuencia hablo de ser ágil, crear valor rápido, etc., siempre tuve en cuenta que los equipos deben estar balanceados, tal como dijimos en el capítulo de los trabajos en equipo. De igual manera, los gerentes y jefes tienen que mantener sus equipos balanceados. No puedes tener siempre personas que sean súper ágiles y estén siempre al brinco para hacer algo. He visto esa situación con programadores de software: si uno tuviera solamente a aquellos que crean cosas rápidamente y se aburren al comprobar la teoría mediante el prototipo, sería muy difícil tenerlos entretenidos y quizás terminen por irse de tu empresa. Siempre hace falta aquella persona que no tiene inconveniente en realizar las tareas que son repetitivas o no tan excitantes. Es la realidad, así que no te desanimes. Sólo trata de identificar aquello en lo que eres bueno y cómo encajas en un equipo de trabajo con la ayuda de tus superiores.

Y para ratificar y terminar establezcamos que es tarea de los buenos líderes mantener un equipo balanceado y que sabe trabajar en armonía. Varias veces me dediqué a contratar nuevo personal con la intención de no contratar al mejor (sí dije: No encontrar al mejor), debido a que los equipos son como un ejército que debe estar dotado de diferentes armas, pues no siempre se usa la misma arma para ir de cacería: ni el mismo arco, ni las mismas flechas. Incluso, las balas son de diferentes calibres. Identifica de qué calibre eres y en qué situación encajas mejor, pa'alante!

Business Savvy

Este es la última de las habilidades que yo considero fundamentales y básicamente integra todas las demás en lo que es la parte más importante de cada una.

Tú puedes ser el más inquieto observador de cómo funcionan las cosas. Quizás ya desarmaste la caja del baño para ver cómo funcionaba y la perfeccionaste; quizás te encanta andar creando cosas nuevas y viendo cómo hacer prototipos de objetos o aparatos; quizás eres buenísimo preparándote para embarcarte en cualquier aventura y eres genial, pero... todas estas habilidades llevadas al área profesional no te servirán de nada si no eres capaz de reconocer la necesidad del negocio. Es decir, que cuando hacemos algo, no somos artistas. No podemos pasarnos meses creando una obra de arte. Al hablar de POC's, estamos restringidos por tiempo y presupuesto e incluso aquellas empresas de investigación ponen límites a la cantidad de tiempo que los investigadores pueden invertir en su trabajo. La habilidad que tengas de crear algo dentro del presupuesto y dentro del tiempo que te lo han pedido va a ser el catalizador de tu éxito. A esto se le conoce como MVP (***Minimum Viable Product***).

Cuando tengas un reto frente de ti, pregúntate: ¿cuánto tiempo tengo para hacerlo y cuánto presupuesto tenemos para ello? Y no hagas como algunos conocidos que me preguntan cuánto tiempo tienen para hacer algo, con la intención de posponer la tarea lo que más puedan. ¡Pero, ojo: muchas veces he puesto tiempo ilimitado a una tarea con el fin de conocer las habilidades de un empleado, que es a lo que me estoy refiriendo aquí!

Tu habilidad para entender el negocio así como para entender al cliente final y su necesidad y problema actual te ayudará a identificar cuál es ese producto mínimo que ellos necesitan para ser exitosos. Créeme, NUNCA vas a lograr darle al cliente exactamente lo que quiere, ni mucho menos ellos te van a pagar el tiempo que toma hacer lo que exactamente quieren que hagas. Incluso, si fueras capaz de hacerlo, al momento en que tengas una solución elegante, pensarán en mil cosas que no estuvieron en ***scope*** (o sea, lo que se supone que comprendía el proyecto). Por ello, siempre trata de hacer lo que se llama ***under promise, over deliver***; es decir, nunca digas: "Ah sí, está fácil; lo hacemos rápido", con el riesgo de que el día de entrega de tu avance en el proyecto no lleves nada. Siempre procura ser conservador en tus presunciones de tiempo y de complejidad. Es mejor terminar antes de lo planeado que andar pidiendo disculpas por tomar más tiempo de lo que se había prometido antes.

Aun siendo fundamentales estas habilidades que yo busco o que he visto que otras personas buscan, existen algunas más que considero de suma importancia y que para otros se volverán capacidades igualmente fundamentales. Son las de Time hacker, Mentalidad de dueño, Estar preparado para entrevistas, Disciplina, Trabajo en equipo y otras más.

Time hacker

Preguntas fáciles: ¿estás utilizando tu tiempo productivamente? ¿Estás aprovechando todos aquellos momentos muertos y convirtiéndolos en dinero o dinero futuro? ¿O no entiendes aún todo ello?

Te haré otra pregunta: cuando te has subido a un autobús para ir a la escuela, que quizás tarda en su recorrido desde quince minutos hasta una hora, ¿qué haces en ese tiempo? Si me subo al camión y te saludo yo te encontraría:

A) En Facebook.

B) En Instagram

C) En LinkedIn

D) Leyendo un Libro

E) En youtube.com

F) En Lynda.com

Todas aquellas personas exitosas siempre están buscando la manera de aprender nuevas cosas, de maximizar su día. La palabra para "raza humana" en ingles es: ***Human Race***, es decir, una competencia (carrera) en la vida, y cada vez que maximizas tu tiempo haciendo algo que te impulsa hacia adelante, tus oportunidades avanzan en comparación con las de los demás.

Time hacker también significa tu capacidad de organizarte. En mi día a día, sólo hay una manera que efectúe todas las cosas que quiero hacer, y esa es escribiéndolas. Siempre me verán con mi libreta apuntando las cosas que quiero hacer en ese día, las cosas que ya hice, etc.

Por la manera en que el mundo está girando, tener que hacer muchas cosas en el mismo día será algo natural. ¿Estás listo para tener esa capacidad de efectuar varias actividades al mismo tiempo? O como muchos lo llaman, la capacidad de ***multitasking***?

Esto, en verdad, es una tontería, pues el ser humano no es capaz de hacer dos cosas al mismo tiempo. Siempre pensamos que estamos en el salón prestando atención al maestro y que al mismo tiempo podemos atender el teléfono celular, lo cual no es posible. Quizá parezca que estás haciendo dos cosas al mismo tiempo pero la realidad es que sólo a una de ellas le estás prestando el 100% de atención. Lo mismo pasa para todos aquellos que tienen un ***smart watch***: cada vez que les llega una notificación ocurre algo así como una pequeña reacción química y eléctrica, a la cual es casi imposible no voltear a ver.

Una vez me encontraba dando una presentación cuando alguien me mandó un mensaje de WhatsApp ¡y perdí el hilo completo! Atención y priorización es lo que me gustaría dejarte a ti en esta ***softskill***.

Mentalidad de dueño

Esta es simple y voy a ser breve en explicarla. Ocurre si en cada trabajo en el que estás te comportas como si tú fueras el dueño de la empresa. Es decir, que trabajas como si la supervivencia de tu familia dependiera de lo que haces. Esto es algo que se nota a leguas: los individuos que siempre tratan a la empresa donde trabajan como si fuera propiedad de ellos tienen oportunidades mayores respecto a los que no lo hacen.

Ten en cuenta que esto va de la mano con capítulos anteriores donde te digo que escoger a tu jefe es primordial.

Preparado para entrevistas

Prepararse para ser entrevistado quizá pudiera ocupar un capítulo completo, pero trataré de poner aquí puntos específicos, aun cuando a lo largo del libro he hablado de los mismos y he narrado historias en referencia a este tema.

Ser entrevistado es para muchos algo de lo más estresante y a veces quisieran obtener el trabajo sin tener que hablar con tanta gente. Por esta razón luego terminamos en trabajos que no queremos

Son varios los aspectos que debes considerar en una entrevista:

Salario deseado

¿Cuánto dinero deseas ganar? Ya hablamos anteriormente de evaluar cuánto vales en el mercado y cuál es la demanda de trabajo. Estas dos características te dan una idea de cuánto poder pedir. Durante mi primer semestre de enseñanza en la UADY, les pregunté a mis alumnos cuánto pensaban ganar y por qué. Muchos indicaron una cantidad específica y la razón era porque eso le pagaban a alguien que conocían. Si bien es cierto que el salario de otra persona te servirá como base, nunca vas a ganar algo sólo porque a otra u otro le pagan X cantidad. Tu salario podría ser menor o quizás mayor, ¿por qué no?

Competencia

Es importante tener en cuenta cuántas personas más están en busca formal de ese empleo. Ya he platicado de mi primer trabajo en Estados Unidos y cómo debido a la economía me pagaron lo que quisieron, y además habían contratado también a alguien para el mismo puesto que el mío. Diez años después no existen suficientes personas para cubrir los puestos para los cuales presento mi solicitud de empleo.

Investiga y analiza este factor, ya que al haber muchos aspirantes al empleo tendrás que lucirte en más aspectos. Si la demanda es mucha y no hay tantos aspirantes, te dará la capacidad de pedir la cantidad de dinero que tú estés buscando.

Urgencia de ocupar el puesto

La urgencia de ocupar el puesto es algo bueno y también algo malo. Esa urgencia proviene muchas veces de un proyecto mal hecho, de un proyecto que se está viniendo abajo o quizás porque alguien tiene mucho trabajo y necesitan contratar a alguien que le ayude.

Investiga y pregunta muy bien cuál es la urgencia del trabajo, pues si les urge significa que tienes mayor oportunidad de pedir más salario, aunque al mismo tiempo ello te pondrá en una posición en la que quizás te paguen mucho pero sufras de un estrés tremendo en cuanto empieces el trabajo.

Quien será tu jefe o jefa

Tu jefe o supervisor serán esas personas que te ayudarán a llegar al siguiente nivel; serán los encargados de ayudar a superarte, tener aumentos, solucionar problemas, fungir como mentores y demás. No tomes a la ligera el hecho de quién es la persona a la que rendirás informes. Investiga y analiza y bien la cadena de mando: quién supervisa tu trabajo, quién autoriza tus aumentos de sueldo, etc.

He platicado con muchas personas que de plano odian a su jefe o jefa. Y en la industria bien se sabe que las personas no dejan los empleos, sino que se van por la mala relación con sus jefes o jefas.

Potencial de crecimiento profesional

A menos que de plano no estés interesado en crecer y quieras despertar en veinte años y, por ello continúas haciendo lo mismo y sigues contento, entonces, ahondando en lo que hemos platicando anteriormente, asegúrate durante tus entrevistas de preguntar cuál es la estrategia que tiene la empresa para que puedas llegar a puestos más altos, cuáles son las metas a cumplir para ascender y cuáles son los períodos promedios para los ascensos.

Potencial de crecimiento económico

Uno podría decir que el punto anterior va de la mano con este punto, pero no es necesariamente cierto. Algo que debes definir antes de empezar a trabajar en una empresa es: ¿cuántos ascensos se han hecho sin aumento de sueldo? No, no estoy mintiendo o drogado al plantear esto, pues es una tendencia que está ocurriendo en muchas empresas, en las cuales te asignan más responsabilidades, te dan un puesto con un nombre más rimbombante, ¡pero tu salario sigue igual, sin que existan expectativas de cuándo pueda cambiar!

Compañeros de trabajo

Uno pasa más horas en la oficina o en el trabajo que con su propia familia. ¿No crees que esta es una buena razón para saber con quiénes vas a trabajar? Durante las entrevistas, asegúrate de que te den una visita guiada al lugar donde vas a trabajar, trata de presentarte ante las personas que encuentres en las diversas áreas y pregunta quiénes formarán tu equipo y con quiénes interactuarás más durante tu día. Créeme, no hay dinero que valga la incomodidad de tener que trabajar con personas que de plano no son amables o respetuosas. Una vez dicho eso, ningún lugar es perfecto y siempre habrá personas con las cuales no serás emocionalmente compatible, pero mientras más se pueda evitar esto, mejor.

Ambiente cultural de la empresa

La cultura es lo de hoy y aquellas empresas cuyo objetivo es hacer dinero no llegarán muy lejos. Investiga qué tipo de actividades realiza la empresa, si hay proyectos en los cuales se ayude a otras personas o a compañías sin fines de lucro. ¿Cuántas veces festejan a sus empleados? ¿Cuál es su misión?

Propietarios y su visión, personalidad y reputación

Cuando se trata de pequeñas empresas, es primordial que aprendas quiénes son los fundadores, cuáles son sus valores y su reputación, ya que esto marcará sin duda el futuro de la empresa. El problema con las pequeñas empresas es que eventualmente son absorbidas por otras empresas mayores. He visto mucha gente que entró a trabajar a una empresa pequeña por los valores que tenía y renunciar cuando, al venderse, los dueños no hicieron compatibles los valores de ambas empresas.

Nuevo salario comparado con anterior o con nuevo empleo

La regla es que siempre vayas para arriba, pero habrá ocasiones en que un salario similar o un poco menor convenga a cambio de varias cosas como son: tranquilidad, menos estrés, mayores posibilidades de crecimiento, un mejor mentor, mejores compañeros de trabajo. ¿En qué lugar caes tú?

Cuántas personas han dejado la empresa y las razones

Esto es algo en lo que muchos no se fijan. Analiza siempre en lugares como LinkedIn y Glassdoor cuántas personas han sido contratadas y cuántas se han ido. Es decir, cuál es el porcentaje de personas que se van de la empresa cada mes. ¿Cuánto tiempo en promedio permanece una persona laborando en esa empresa? Es cierto que hay personas que siempre van a encontrar algo mejor con otra empresa y se irán, pero lo importante es ver que no exista una tendencia recurrente de abandono de empleos, que sería síntoma de algo que está ocurriendo en la empresa y por lo cual las personas deciden irse.

Disciplina

Ya anteriormente he hablado de la importancia de la disciplina y he dado ejemplos de cómo forjarse en ella. Pero lo quiero repetir: es disciplina tu capacidad de concentrarte, de hacer lo que dijiste que ibas a hacer, de mantenerte en constante momento de aprendizaje, de procurar todo aquello que requiere esfuerzo para cumplir algo.

Trabajo en equipo

Muchos de nosotros somos muy buenos de manera individual, tal como aquellos jugadores de futbol profesional que son buenísimos metiendo goles, pero que nunca pasan el balón. Debes saber algo: nunca llegarás a ningún lado solo. Tu capacidad de interactuar con otros, de construir relaciones que se mantengan a través de los años, serán factor primordial en tu éxito. Es importante que puedas asimilar y definir tu rol dentro de un equipo, como lo hemos platicado anteriormente. Es crucial que tengas la capacidad para ponerte en los zapatos de otros y saber mediar y llegar a un punto medio. Y tu mejor oportunidad de entrar en esto, ¡es la escuela! Así que no desperdicies la oportunidad.

Sentido de responsabilidad (ownership)

También es un tema que ya hemos tocado pero que vale la pena recalcar. El hecho de que tu palabra valga oro cuando dices "Yo soy responsable de esto y no sé cómo le haré" considéralo como una de tus mayores y mejores ***softskills***. Es una carta que puedes presentar ante cualquiera el orgullo de afirmar "Cada cosa que me he propuesto y he dicho que iba a hacer la he hecho".

Selfstarter (Persona con iniciativa propia)

Es una cualidad de todos aquellos individuos que requieren mínima supervisión para lograr algo, y que cuando lo terminan solicitan más trabajo. Que siempre están ansiosos del nuevo proyecto y constantemente están recomendado cómo mejorar cosas, es decir, aquellos que por dentro llevan esa energía y ganas de comerse al mundo y no pueden esperar a que alguien les asigne una tarea o les diga qué hacer. Esos individuos son los que verás sobresalir. Intenta ser así tú también.

Influenciar a otros

Esta es una de las ***softskills*** más controversiales y difíciles. ¿Por qué? Porque influenciar puede llegar a límites donde ya no estás influenciando sino manipulando a otros. De hecho, en Latinoamérica la palabra ***influencia*** tiene connotaciones negativas, pero lo que se busca con esta habilidad es fomentar tu capacidad de persuadir a otras personas hacia un bien común. Es decir, cuando estás en un equipo y existen varios puntos de vista referentes al camino a donde el proyecto se debe llevar, ¿cuál es tu capacidad para explicar tu punto de vista y hacer que otros entiendan lo que tú quieres hacer y por qué? Y asimismo, ¿por qué esto es mejor para todos en el equipo y para el proyecto?

Si alguna vez pides a alguien más de tres veces que haga algo que no quiere hacer, o por el otro lado, alguien tiene que decirte una y otra vez que lo que ellos dicen es lo correcto, entonces ya no se trata de influencia sino de manipulación. En mi opinión, la mejor manera de influenciar es mediante el buen ejemplo, es decir: ¿cuántas veces has ayudado a otros en busca del bien común sin pedir nada a cambio? ¿Cuántas veces has ayudado a tus compañeros, actuado como mentor y demostrado que tus opiniones y formas de resolver las cosas son las correctas? Esa trayectoria de haber hecho cosas buenas siempre influye en la decisión de otros hasta el punto en que las personas naturalmente confiarán en ti.

Cuando he dado pláticas muchos alumnos me preguntan cuál es la mejor ***softskill***. La verdad es que ni lo son todas ni tampoco una es necesariamente mejor que las otras. La realidad es que cada una te será de utilidad diferente de acuerdo al espacio y el tiempo, y por eso es bueno autoevaluarte y buscar la manera de crecer en las ***softskills*** en las cuales no eres tan bueno. Haz una tabla como la siguiente para mantenerte disciplinado en crecer en cada una y hacer comparaciones cada seis meses. Trata de identificar de acuerdo a tu carrera y especialidad cuáles de estas son las principales (las ***core***, o nucleares) o cuáles son las que más pesan de acuerdo a tu tiempo y espacio.

SoftSkill	**¿Qué te falta para mejorarla?**	**Calificación (1-10)**
Sangre de Ingeniero		
Business Savvy		
POCer		
Aventurero		
Time Hacker		
Marketing Personal		
Disciplina		
Mentalidad de dueño		
Preparado para entrevistas		
Ownership		
Selfstarter		
Trabajo en equipo		

Antes de terminar el capítulo quiero platicarte de varias cosas que aunque no son necesariamente ***softskills***, son aspectos y cosas importantes que servirán de catalizadores a todo lo que haces en tu vida y que influenciaran tu éxito.

Ser el mejor no es suficiente

Buenos alumnos no crean necesariamente buenos trabajadores y viceversa. Esto es una realidad y ya he puesto varios ejemplos, pero en lo que quiero hacer hincapié aquí es que si no eres el mejor alumno, no te mortifiques tanto.

Durante mi carrera me he encontrado a cientos de personas que no fueron los mejores alumnos pero que hoy en día ganan mucho más que los que sí lo fueron. Yo soy un ejemplo de eso, ya que no fui siempre el mejor académicamente.

El cúmulo de habilidades descritas es lo que te forjará como profesional. Por otro lado, si eres el mejor de la escuela académicamente, no te confíes y empieza a forjar ***softskills*** que te lleven a un punto más balanceado de habilidades.

¡Pregunta!

Nunca tengas miedo de preguntar, por más estúpida que se te haga la pregunta. La realidad es que los demás no preguntan no porque sean necesariamente más inteligentes que tú o porque hayan entendido todo, sino generalmente por vergüenza.

Cuando doy pláticas me gusta contarles una historia de cuando llegué a Estados Unidos. Como me era sumamente difícil hablar por teléfono en inglés con otras personas, decidí entrenar mi oído por seis meses escuchando la radio durante dos horas en el automóvil. Llegué a un punto en el que estaba seguro de que ya debía de haber mejorado, aunque desgraciadamente no podía comprender el 100% de lo que se decía en las reuniones que teníamos en la empresa alemana para la cual trabajaba.

Un día se me quitó la pena durante una de las juntas y ya desesperado le susurré a mi compañero: "Oye, Patrick, sólo entiendo la mitad de lo que dicen". A lo cual me contestó: "Pues está perfecto, Rafa". Y yo le pregunté: "¿Cómo que perfecto?". A lo que él respondió a su vez: "Pues a menos que además de español e inglés también hables alemán, sólo vas a entender la mitad". No podía creerlo. Mi pena de preguntar me tenía frustrado y estresado cuando en realidad todo este tiempo lo que ocurría es que el alemán es tan parecido al inglés en determinadas frases y palabras, que creía yo que el problema era mi capacidad de entendimiento. Desde entonces, jamás me guardo preguntas.

Siempre pregunta y te asombrarás de lo fácil que te hará la vida. Y si algún día haces una pregunta tonta, ten en cuenta que es más tonto quedarse con la duda.

Miedo

Nunca te sientas menos al ver que pareciera que otras personas afrontan la vida sin titubeos. Eso no es real, pues sólo existen aquellos que aceptan que tienen miedo y aquellos que no lo reconocen.

Todos tenemos miedo. En mi caso, tengo un pánico enorme a volar, pero la valentía no es la carencia de miedo sino el coraje de que a pesar del miedo logres hacer lo que te propongas. A pesar de mi temor a volar, el año pasado ¡estuve arriba de 52 aviones! Y eso no ha sido fácil, pues hay ocasiones en las que me salen las lágrimas durante un vuelo ante mi incapacidad de no sentir miedo. Pero esas lágrimas se limpian y luego aterrizo para hacer lo que amo hacer.

Life is a POC

Para este punto ya debes saber lo que es un POC, dado que ya escribí sobre ese tema. Me acuerdo de que estaba en un bar en el aeropuerto de Milwaukee, pensando en dejar la empresa para la cual trabajaba y fue cuando esto se me hizo más evidente que nunca al haber trabajado como consultor por muchos años. Hay algo que se dice entre consultores "***fake it until you make it***", lo cual se traduce más o menos como "***finge*** hasta que lo consigas". Esto no es sólo una realidad en la consultoría sino en la vida. La escuela es un lienzo donde uno hace y deshace como he dicho anteriormente. Pero la vida es un lienzo aun mas grande y la mayor verdad es que todos en este mundo estamos tratando de "armarla" a un nivel u otro. Todos somos aprendices, a pesar de ser expertos. A pesar de la experiencia siempre estamos en constante crecimiento y entendimiento. Y a veces también nos equivocamos y lo que pensamos que era realidad no lo es y empezamos a aprender de nuevo.

La razón por la cual no he publicado un capítulo extenso de esto es por la complejidad, pero sólo quiero decirte que si algún día sientes que nada más no la armas o pareciera que todos los demás son mejores que tú, piénsalo dos veces ¡porque todos ***la estamos regando*** también!

Karma

Ya he hablado mucho de esto pero sólo quiero que siga en tu mente algo muy sencillo: si haces bien, te irá bien y cada cosa en la cual causes daño a algo o alguien regresará a ti de la misma manera. Dentro del balance del universo, estas son leyes de causa y efecto. Y está en ti creerlo o no.

Nadie es mejor que tú. Todos son mejores que tú

Uno siempre está buscando ser el mejor, o al menos yo siempre lo busco, pero busco más a aquellos que son mejores que yo. ¿Por qué lo hago? Porque no me sirve de nada ser siempre el mejor. En cambio, tener a alguien que yo admire y vea y trate de competir con esa persona es lo que me hace crecer.

Siempre debes saber que habrá personas que son mejores y otras que son peores que tú y así es la vida y punto. Lo valioso será tu capacidad de ponerte metas y observar a aquellos que consideras "mejores" que tú. Analizar qué es lo que están haciendo, cómo llegaron hasta donde han llegado, qué secuencia de pasos debes tomar para llegar a donde están ellos. Y así: "***rise and repeat (enjuaga y vuelve a lavar)***".

Selecciona a un héroe real

De la mano con el punto anterior va el escoger a un héroe de verdad. Sí está bien que admires a Bill Gates, Mark Zuckerberg, Steve Jobs, etc, pero ¿cuáles son las posibilidades de que tú te impongas como meta ser como ellos y lo logres de manera inmediata? Siempre escoge como héroe a alguien que esté más cercano y alcanzable: un profesor, tu papá, un amigo, etc. y cuando seas un héroe como él, escoge al que sigue, y así sucesivamente. ¡Admira a corto plazo! ¡Agradece y vuelve a admirar!

***¡No se trata de cuánto** dinero ganas sino de cuánto no gastas!*

A mi cuate Seth su papá le enseñó algo formidable: "no se trata de cuánto dinero ganas sino de cuánto no gastas". ¿Cuánto ahorras? Siempre que ganes más dinero, más querrás tener, y si sigues ese ciclo, nunca habrá dinero que te alcance. La realidad es que ser rico no es una cuestión numérica; ser rico es vivir sin deudas y sin estrés. Alguien con un volcho puede ser más rico que alguien con un Mercedes Benz. ¿Quien vive más tranquilo? ¿Quién tiene más riquezas en su vida?

Escribe tus metas a corto, mediano y largo plazo

Esto es un ejercicio que evoluciona constantemente, pero como he dicho antes: yo sólo logro lo que plasmo por escrito como meta. Esto es un ejemplo: mi meta en estas dos semanas que tengo entre este momento y mi nuevo empleo es terminar dos capítulos de la nueva edición de mi libro.

Redacta lo que quieres hacer en seis meses, en un año y en cinco años y consulta esa lista cada seis meses y revísala conforme tu vida vaya moviéndose. Hacer esa lista es una cuestión de disciplina.

Creación de grupos de ayuda

Juntos somos más fuertes. Atrás están los días en los que usábamos las frases "el que no transa no avanza" y "prefiero chingar a que me chinguen". No vamos a llegar a ningún lado como sociedad si no nos unimos y avanzamos todos juntos. ¿Por qué estoy aquí escribiendo este libro en vez de estar en una colina arriba de una tabla de esquiar? Porque creo fielmente que este es un tiempo en que todos debemos unirnos y crecer juntos. Ya te hablé del karma, del trabajo en equipo, de ser el mejor. ¿Qué vas a hacer para juntar a otros y ayudarse y apoyarse mutuamente?

Identifica tu polea

Cuando hablamos de disciplina y de proponerse hacer cosas sabemos que lograrlo es difícil. Por eso siempre les recomiendo a todos tener una polea en mente. ¿Qué significa esto? Es aquello que te mantiene motivado. Por ejemplo, comprarle una bici a tu hijo, quizás una casa a tu mamá, lograr que tus padres dejen de trabajar, o tal vez adquirir un coche. O sea, es aquello que en tus momentos de obscuridad te mantendrá motivado y disciplinado. Piensa en ello y cuando esa polea se haga realidad, cámbiala y evoluciona, pero siempre tenla a la vista y empújate hacia arriba, hacia tu polea.

Ya están donde deben estar. Su vida es mi sueño.

Por último, quiero dejarte con este pensamiento: ***Su vida es mi sueño.*** Ten presente que muchas personas trabajan 15 horas al día, padecen estrés, se enferman de ese estrés, sufren en un trabajo mediocre por el dinero, todo para algún día poder ir a la playa, conocer un cenote, visitar sitios arqueológicos, tener una casa donde poder sembrar flores, ir a pescar. ¡Muchos de ustedes ya tienen esto ***out of the box***! Siempre que sientan que no progresan o que no ganan tanto, piensen que hay millones de personas que se mueren por hacer lo que ustedes hacen y vivir donde ustedes viven.

16

Ser tu PROPIO JEFE

Antes de imprimir la primera edición de este libro se me recomendó escribir un capítulo sobre ser tu propio jefe a fin de equilibrar lo mucho que abundo en el tema de encontrar trabajo y ser empleado. Siendo honesto, hace tres años dudé en hacerlo porque pensé que yo no era alguien con la experiencia suficiente para hablar del tema. Hoy en día pienso de manera distinta e indudablemente he acumulado experiencia en este ámbito, así que hablemos un poco de ello.

Cuando se me acercan personas comentándome que quieren ser dueños de su propia empresa o me preguntan por qué no establezco mi propia empresa, etc., siempre les pregunto: ¿para qué quieres ser tu propio jefe y poner tu propia empresa? Respecto a cuáles son los motivos, todas las personas con las que he hablado me han dicho: porque quiero ganar más dinero y/o quiero tener libertad.

La realidad es que si entiendes y aplicas todos los conceptos de este libro, aun siendo un empleado tendrás el dinero que quieras y la libertad que deseas. Yo siempre los he tenido y nunca establecí una empresa con el interés de hacer más dinero o poder tener más libertad, sino al contrario: el día que establecí una empresa propia tuve menos dinero y mucho menos libertad y tiempo. Pero esa es otra historia.

Si aun así deseas poner tu propio negocio, platiquemos de las realidades de las pequeñas empresas. Daniel Garplid, en ***110firsthits.com***, explica diez de los mayores errores que se cometen al crear una empresa, revisemos los 8 más importantes:

1. **Crear algo que nadie quiere.** Esto es algo que les pasa a todos, pues siempre pensamos que tenemos una idea genial y que seguro todo mundo lo quiere o necesita. Y a veces estamos totalmente alejados de la realidad. Recuerdo haber participado en un ejercicio donde los alumnos creaban un producto nuevo y trataban de venderlo. Uno de los equipos presentó una paleta con sabor de la fruta llamada zapote negro. El chico creador en realidad se dedicaba a la venta de paletas pero cuando le pregunté cuántas personas realmente pedían ese sabor no supo contestarme.
2. **Si vas a crear una nueva empresa siempre investiga si realmente hay mercado para lo que vas a vender.** No porque a tus amigos o a tus familiares les haya parecido una idea brillante quiere decir que verdaderamente lo será. Haz encuestas a personas que no conozcas. Recuerdo que cuando participé en el Nobi (Nodo Binacional del Sureste) nos hicieron hacer 500 entrevistas sólo para darnos una idea de la factibilidad de un producto. La realidad es que hablar con tantas personas te abre la mente respecto a si realmente tienes algo bueno en las manos.
3. **Hacer malas contrataciones.** Cuando se abre una empresa, siempre deseamos trabajar con gente que queremos. Siempre he dicho que es mejor trabajar con alguien que te cae bien. Pero cuando una empresa está iniciando hay que ser acertado a la hora de contratar personal. Tienes que analizar realmente cuáles son las funciones que esa persona va a realizar y cómo se alinean las habilidades de esa persona con esas funciones.
4. **Falta de concentración.** Cuando realmente quieres ser tu propio jefe, debes tener una disciplina enorme. Ya hemos hablado de eso durante varios capítulos de este libro. Es necesario que tengas un plan de negocios y concentrarte enormemente en hacer que ese plan de negocios se

ejecute tan acertadamente como sea posible. No tienes tiempo de andar vacilando; por el contrario: tienes que estar respirando tu negocio, soñando tu negocio, transpirando tu negocio. No hay momento para distracciones.

5. **Fallar en efectuar las ventas y el marketing adecuadamente.** Toda empresa debe empezar con producir o promover un producto que tenga demanda en el mercado y el segundo paso es tener ventas. No importa tener el mejor equipo y el mejor producto si no hay ventas. Las ventas son la sangre del negocio y ello es coadyuvado por el marketing. ¿Cómo estás dando a conocer tu producto y en dónde? ¿Ya reconociste tu segmento de mercado? ¿Cómo vas a ***atacar*** ese segmento de mercado? Créeme, no necesitas ponerte un puesto con un nombre rimbombantes hasta que tengas un montón de órdenes de venta. Si quieres que tu negocio triunfe, ponte a vender. ¡Tener muchas ventas y no poder surtirlas es uno de los mejores problemas que te pueden pasar!

6. **No tener a los socios fundadores correctos.** Esto es algo que realmente he vivido y déjame decirte que asociarte con alguien para empezar tu negocio es una de las cosas más difíciles que pueden hacerse. Más que las ventas, más que trabajar demasiadas horas, asociarte con alguien es peor que casarte o tener una pareja. Cuando escojas a una persona para hacer un negocio, asegúrate de que sea una persona de la misma o más confianza que lo sería tu esposa o esposo. Es decir, casi casi la confianza de un familiar. Las amistades son puestas a prueba durante una aventura así. Y cuando te digo que no importa qué tan fuerte sea la amistad, a final de cuentas en una asociación solamente lo que aparece en los contratos es lo que se hará realidad. Las promesas, las ideas de un principio, pronto se dan a la perdición. Si no confías en tu socio del mismo modo que en tu familia

o tu pareja, es mejor estar solo o buscar otras maneras de asociarse sin tanta codependencia. ¡Ojo con este paso!

7. **No asegurarse de tener suficiente dinero.** Muchas empresas empiezan con poco capital y a menudo o tenemos un empleo y el negocio es un trabajo secundario o muchas veces uno se avienta a los toros y el negocio es lo único que te da de comer. En verdad, tienes que tener un buen colchón de dinero. Muchas empresas como MBO Partners (https://www.mbopartners.com/) recomiendan contar con seis meses de ahorros para todos tus gastos. Esta es la realidad, pues muchas de tus ventas se basarán en relaciones. En todo el mundo las ventas de productos o servicios se basan en el factor de a quién conoces y quién te puede ayudar a introducir tu producto o servicio en algún lugar determinado. Cuando aún no tienes tu empresa y estás platicando con posibles clientes, todo mundo te dirá: "Sí, claro, yo te ayudo. Yo adquiero tu producto o tu servicio para mi empresa o mi dependencia". La realidad y neta del planeta es que el 80% de estas promesas son vacías, y las que no lo son no dependen en un 100% de quienes las expresan y, por ello, se requiere ir a un proceso burocrático para poder posicionar tu producto o servicio donde lo necesitas; y cuando al fin lo logras, tardan en pagarte muchísimo tiempo, de 30 a 180 días. Sí, como lo lees: después de que trabajes o vendas durante un mes habrá veces en que se tarden varios meses en pagarte, por lo cual deberás estar preparado para seguir alimentando a tu familia hasta que te llegue un cheque o un depósito bancario.

8. **Gastar demasiado dinero.** Como te dije en el punto anterior, es indispensable tener dinero guardado para sobrevivir mientras todo se alinea. De igual manera, siempre que tenemos disponible seis meses de dinero es fácil decir: "Necesito una computadora carísima para hacer mi trabajo",

cuando en realidad no la necesitamos. O quizás "Tengo que ir en avión de primera clase para ver si amarro un negocio", cuando sabemos que las posibilidades de concretarlo son pocas. Sé conservador, pues ya habrá tiempo de darte lujos cuando el dinero esté fluyendo.

Estos son para mí los errores más importantes a considerar. De igual manera, me gustaría agregar que la razón de tener tu propia empresa debe ser ante todo porque quieres hacer algo que te apasione. Obtendrás el dinero y la libertad si sigues mis consejos, pero la pasión por hacer algo que quizás sólo el tener tu propia empresa podrá hacer realidad es lo que a fin de cuentas se convertirá en esa polea que te empujará. Tener tu propio negocio es sinónimo de largas jornadas de trabajo y de muchos sinsabores y problemas. Si solamente la libertad y el dinero son tus motivadores, terminarás por fracasar del mismo modo en que fallan muchas empresas en etapa temprana (***startup***).

EPÍLOGO

Has llegado al final del libro y ya sea porque terminaste todos los capítulos o por que eres como a mi esposa, a quien le gusta hojear el final para ver si lee el libro o no, de todas formas quiero felicitarte y tomarme unos momentos para decirte hasta pronto.

Cuando la gente me pregunta de qué trata mi libro siempre trato de explicarles que la educación en México es difícil, sobre todo al considerar las estadísticas de quienes logran entrar a la universidad en comparación con los que logran graduarse. Y eso sin contar que también existe un filtro enorme en la entrada al bachillerato, tal como aprendí en mi último viaje a Mérida. Mi libro trata de ayudar a esa población a que ingrese a los porcentajes favorables y no sea un número más de los que se quedan en el camino.

Durante el transcurso del libro te llevé desde la decisión para escoger una carrera, incrementar tus chances de aprobar el examen de admisión, mantenerte en la escuela una vez que hayas ingresado, hacer mejores equipos, saber "leer" a tus maestros y amigos, buscar trabajo, lograr maestría, saber venderte, saber escoger a tu jefe, poner tu propio negocio, etc. Y realmente deseo que cuando menos alguna de estas enseñanzas haya llegado a tu vida en el momento correcto.

Algo que he aprendido durante las conferencias que he dado sobre ***softskills*** aquí en Estados Unidos y en México es que todos tenemos las mismas dudas y que las preguntas que contesto en vivo y a todo color durante mis pláticas han sido contestadas durante todo este libro. Así que si algún capítulo no resonó en tu interior cuando lo leíste, no dudes en volver a consultarlo cuando tengas dudas o cuando sientas que necesitas un consejo. Te aseguro que encontrarás algo de utilidad.

Algo que también quiero comentarte es lo feliz que estoy de ver la cantidad de inteligencia y aptitudes que hay en México, sobre todo en Yucatán, como he observado en mis recientes visitas. Durante mi último evento me reuní con varias chicas de bachillerato que tratan de sobresalir en tecnología y me di cuenta de que existe muchísimo talento. Por ello quiero decirte que no dejes que nada se interponga ante ti, con independencia de que seas hombre o mujer. Sólo tú tienes las riendas para llegar a donde quieres llegar, procurando pasar por encima de las muchísimas barreras culturales, económicas y sociales que aparezcan en tu camino. Con determinación, sólo tú eres lo que se interpone ante tu éxito.

Y si hay algo en lo que pueda ayudarte no dudes en atender alguna de mis pláticas y conferencias que estaré publicando en las redes sociales, o bien, en enviarme un mensaje a mi página de Facebook: https://www.facebook.com/rafaelhzurita/

Vamos a cambiar a México juntos a través de nuestro talento
y educación, ayudándonos los unos a los otros.
¿Aceptas el reto?

Sígueme en
rafaelhzurita

Mis metas son:

A un año:

A cinco años:

A diez años:

Mucho éxito

Dedicatoria y AGRADECIMIENTOS

Porque en la vida la humildad es parte esencial de lo que he tratado en este libro, y así como yo, tú debes tener gente que te ha inspirado a no rendirte nunca, dedico este libro a todos aquellos que me han apoyado para llegar aquí.

Sin ellos, esta vida sería muy distinta, por eso quiero agradecer a todos los que han llegado conmigo hasta aquí en este camino.

A mis lectores

Quiero antes que nada agradecerte a ti, lector, por decidir abrir las páginas de este libro. Agradecer también a quien sea que te haya puesto este libro en las manos y deseo de todo corazón que mis palabras sirvan de inspiración y te ayuden a fomentar un mejor futuro para ti y tu familia.

Mairead Kerr

Quiero agradecer a mi esposa, que me ha apoyado desde el momento en que tuve la idea de escribir este libro. Sin su cariño y soporte incansable, nada de lo que me propongo sería tan fácil de realizar.

Belén Zurita

A mi madre por siempre ser un ejemplo ferviente de que no importa la falta de herramientas, conocimientos o recursos cuando se desea hacer algo de verdad, No hay nada que se interponga para lograr alcanzarlo.

Rafael J. Peláez (†)

A mi gordito al cual tomaría un libro agradecer todo lo que hizo por mí. Pero en referencia a este libro, él siempre me enseñó que hay que hacer las cosas bien, que hay que aprender a sobresalir y siempre ayudar a quien lo necesite.

Familia

También agradezco el apoyo de toda mi familia, tanto la directa como la política: hermano, cuñada, cuñados, etc. y que están alrededor del mundo, en especial en Irlanda y Venezuela. Sus palabras de aliento sirven de motivación para seguir haciendo lo que me gusta.

Gerardo y Jonathan Valencia

Jona y Gera me han inspirado a escribir muchas de las historias de este libro y en verdad agradezco su confianza. Quiero felicitar a Jona por haber concluido satisfactoriamente su carrera universitaria a pesar de las adversidades. Espero que sepan que emplearlos como referencia en mi libro obedece al gran aprecio que les tengo.

Huriata Bonilla

Gracias a mi cuate Huri por la portada del libro. Su talento artístico no tiene límites y es digno de toda mi admiración. Conoce más de él en http://huriata.com/

Melchisedec Thomas

En este libro hablo sobre lo importante de tener un buen primer jefe, Melchi fue pilar en mi formación como profesional y las lecciones que aprendí a lo largo de los 5 años de trabajar con él las llevo siempre de mi lado. Mil gracias.

A mis maestros

Quiero agradecer a todos aquellos maestros que realizan uno del los oficios más difíciles en este mundo: formar humanos. Sus enseñanzas y lecturas han sido base en mi formación como profesional: María del Carmen Navarro, Osmar Arandia, Antonio Fontani, Fernando Maristany, Senén Juárez Tinoco, Delio Coss Camilo, Guadalupe Claudio Molina y a todos aquellos profesores que han formado parte de mi trayectoria.

Ecsal Leandro Gonzalez

Quiero agregar a mi amigo Ecsal con quien he vivido muchas aventuras, desde ser vecinos en Puente Moreno, Medellín de Bravo, Veracruz, hasta ser vecinos en Colorado. Él me apoyó en mi búsqueda de empleo cuando recién llegue a Estados Unidos y seguramente será protagonista importante en mi segundo libro.

Amigos

Hay muchas amigos que me han apoyado y/o inspirado durante la creación de este libro. Quiero agradecer primero a mi amiga Brenda Escamilla, que siempre con las mejores intenciones trata de mejorar mi abatido español. Ella sirve de ejemplo en varias de mis historias y posee toda mi admiración. A mis amigos Alison Siple y César Ríos, pues verlos lograr la proeza de escribir un libro fue una inspiración para mí. A mi amigo Carlos Moncada, a quien agradezco los momentos invertidos para dialogar ideas y discutir sobre el panorama actual de México en términos laborales. A mi cuate Alejando Arce por ayudarme a recordar las historias de nuestros días en la maestría, y a todos aquellos que de una u otra manera han demostrado su apoyo para la culminación de este proyecto.

Y finalmente, a la vida,

Por permitirnos respirar y poner todo a nuestro alcance para realizar lo que sea que queramos.
Para todos ustedes, este libro y mi eterno agradecimiento.

¡Gracias!

Rafael

Made in the USA
Las Vegas, NV
19 April 2024